Literaturwissenschaft — Gesellschaftswissenschaft
Herausgeber: Theo Buck · Manfred Durzak ·
Dietrich Steinbach

69

Tendenzen der deutschen Literatur zwischen 1918 und 1945

Weimarer Republik · Drittes Reich · Exil

Herausgegeben von
Theo Buck und Dietrich Steinbach

Ernst Klett Verlag

Literaturwissenschaft — Gesellschaftswissenschaft

Materialien und Untersuchungen
herausgegeben von Theo Buck · Manfred Durzak · Dietrich Steinbach

CIP-Kurztitelaufnahme der Deutschen Bibliothek

Tendenzen der deutschen Literatur zwischen 1918 [neunzehnhundertachtzehn] und 1945:
Weimarer Republik, Drittes Reich, Exil /
hrsg. von Theo Buck u. Dietrich Steinbach. —
1. Aufl. — Stuttgart: Klett, 1985.
 (Literaturwissenschaft — Gesellschaftswissenschaft; 69)
 ISBN 3-12-398500-8
NE: Buck, Theo [Hrsg.]; GT

1. Auflage 1985

© Ernst Klett Verlage GmbH u. Co. KG, Stuttgart 1985
Nach dem Urheberrechtsgesetz vom 9. Sept. 1965 i. d. F. vom 10. Nov. 1972 ist die Vervielfältigung oder Übertragung urheberrechtlich geschützter Werke, also auch der Texte, Illustrationen und Graphiken dieses Buches, nicht gestattet. Dieses Verbot erstreckt sich auch auf die Vervielfältigung für Zwecke der Unterrichtsgestaltung — mit Ausnahme der in den §§ 53, 54 ausdrücklich genannten Sonderfälle —, wenn nicht die Einwilligung des Verlages vorher eingeholt wurde. Im Einzelfall muß über die Zahlung einer Gebühr über die Nutzung fremden geistigen Eigentums entschieden werden. Als Vervielfältigung gelten alle Verfahren einschließlich der Fotokopie, der Übertragung auf Matrizen, der Speicherung auf Bändern, Platten, Transparenten oder anderen Medien.
Satz: Alwin Maisch, Gerlingen
Druck: Verlagsdruck Gerlingen

Inhalt

Vorwort 5

Theo Buck
Zur Literatur der Weimarer Republik 7

Uwe-K. Ketelsen
Zur Literatur im Deutschland der dreißiger und vierziger Jahre 48

Jost Hermand
Zur deutschen Exilliteratur zwischen 1933 und 1950 73

Vorwort

Jede zeitliche Epochenabgrenzung bleibt problematisch. So auch die Zäsur von 1918, die den Beginn der Weimarer Republik markiert. Denn es gibt genügend literaturimmanente Traditionsverbindungen zur vorigen Epoche. Und auch viele der alten politischen und gesellschaftlichen Strukturen und Bewußtseinsgestalten des Kaiserreichs überleben in der kaleidoskopischen Zeit der Weimarer Republik und bewirken die epochentypischen ungleichzeitigen Widersprüche. Und dennoch hat es einen Sinn, die Darstellung bestimmter Tendenzen der Literaturentwicklung im 20. Jahrhundert mit der Weimarer Republik beginnen zu lassen. Denn hier bricht doch Neues an, das im Horizont der politisch-gesellschaftlichen Umwälzungen nicht nur zu einem tiefgreifenden Funktionswandel der Literatur führt, sondern einen allgemeinen Modernisierungsprozeß einleitet, der das gesamte kulturelle Leben durchdringt und umgestaltet: die Weimarer Jahre als Phase der Durchsetzung der Moderne, und zwar Moderne verstanden als Ensemble all der Tendenzen, die die Entwicklungen unseres Jahrhunderts prägen.
Ebenso stellt sich die Frage der Epochenabgrenzung im Blick auf das Ende der Weimarer Republik. Wie wirkt sich die Zerstörung der Republik im Jahre 1933 auf den Literaturprozeß aus? Die entscheidenden Vorgänge sind die Ausbürgerung der republikanischen Schriftsteller und die Zerschlagung der Literatur der Republik. Ihr Schicksal entscheidet sich im Exil. Daher kann, über den radikalen Bruch von 1933 hinweg, von einer Einheit der Epoche (Literatur der Weimarer Republik und Literatur des Exils) gesprochen werden. Dabei ist allerdings zu bedenken, daß sich die Bedingungen für die schriftstellerische Existenz und das literarische Schaffen im Exil grundlegend wandeln.
Ins Bild der Epoche gehört aber ebenso die Literatur, die gleichzeitig im Dritten Reich geschrieben wird. Auch sie hat ihre Wurzeln in der Weimarer Republik.
Unter diesem Blickwinkel der Epocheneinheit und der geschichtlichen Zusammenhänge wie der Divergenzen sind die drei Beiträge zu sehen. So wird in der Darstellung der Literatur Weimars nicht nur der ästhetische Modernisierungsprozeß gezeigt. Die Zeit wird vielmehr auch in ihren sozialen und ideologischen Widersprüchen erkannt, in denen die Voraussetzungen für die spätere Entwicklung liegen. Die Darstellung der Exil-Literatur geht auf die Frage ein, wie unter den Bedingungen des Exils eine antifaschistische Literatur entsteht, die noch an die weitgefächerte Tradition ihrer republikanischen Herkunft gebunden ist. Von der Literatur des Dritten Reiches werden weniger die trivialen propagandistischen Machwerke des Nazischrifttums untersucht. Vielmehr liegt der Akzent auf den Autoren und Werken, die in ihrer überzeitlichen, teilweise auch geschichtsfeindlichen Haltung unschwer von der nationalsozialistischen Weltanschauung vereinnahmt werden konnten.

Die Beiträge zur Weimarer Republik und zum Dritten Reich gehen auf Vorträge zurück, die im Rahmen des Deutschen Germanistentages 1982 in Aachen gehalten wurden. Es erschien unerläßlich, diese beiden Beiträge im Sinne der beschriebenen Epocheneinheit auf den Bereich der Exilliteratur auszudehnen, um so eine entscheidende Phase in der Geschichte der deutschen Literatur besser zugänglich zu machen.

Theo Buck   *Dietrich Steinbach*

Theo Buck

Zur Literatur der Weimarer Republik

"Uns trägt kein Volk"
Paul Klee

Vorbemerkung

Die nachstehenden Ausführungen verfolgen nicht die Absicht, einen umfassend ausholenden und einläßlich kommentierenden Forschungsbericht zur Weimarer Literatur zu geben. Vielmehr kann es sich nur darum handeln, im Rahmen eines Problem- und Thesenaufrisses Akzente für die Weiterarbeit zu setzen.

I. Skizze der historischen und sozialen Strukturen

Nicht einmal anderthalb Jahrzehnte dauerte der erste Versuch, aus Deutschland eine wirkliche Republik zu machen. Entstanden aus der Konkursmasse des imperialistischen 'Zweiten Reiches', weggefegt vom Größenwahn des unsäglichen 'Dritten' (und hoffentlich letzten) Reiches, markieren negative Symbolfiguren die zeitlichen Grenzen Weimar-Deutschlands: der Spätestfeudalist 'von Gottes Gnaden', Wilhelm II., und der von Brecht zutreffend so genannte „Anstreicher" Hitler. In historischer Betrachtung erscheinen uns die Weimarer Jahre deswegen als ein eher morbides Stadium zwischen dem von Nietzsche beklagten „verpreußten Deutschland" und der Barbarei unter dem Hakenkreuz. Eine solche Phase muß es sich gefallen lassen, von ihrem Resultat her beurteilt zu werden. Doch waren der Republik auf Zeit ihre Widersprüche von Anfang an eingeschrieben. Novemberverrat, Dolchstoßlegende, gescheiterte Revolution, Schwäche des demokratischen Neubeginns, Autoritätsdefizit, nicht bewältigte Neuordnung, Links- und Rechtsextremismus – das sind die Begriffe, bei denen eine Analyse der verfehlten republikanischen Wirklichkeit ansetzen muß. Die vielbeschworene 'Stabilisierung' zwischen Inflation und Weltwirtschaftskrise verdeckte lediglich die inhärenten Schwierigkeiten. Zu keinem Zeitpunkt hatten die demokratischen Kräfte die politische Macht uneingeschränkt in Händen. Es gab nämlich keinen demokratischen Konsens einer Mehrheit, weil die Verfassungs*wirklichkeit* (Industrie, Justiz, Militär) antirepublikanisch geblieben war. Die Formel vom 'Aufstieg in die Ohnmacht' beschreibt zutreffend die Kalamität der deutschen Demokraten. Sie hatten es mit einer Bevölkerung zu tun, die in ihrem Gros mit Friedrich Meinecke im November 1918 hätte sagen können: „Ich bleibe, der Vergangenheit zugewandt, Herzensmonarchist, und werde, der Zukunft zugewandt, Vernunftrepublikaner." Was Wunder, wenn dann unter dem Druck wachsender öko-

---

Meinem Kollegen Kurt Lenk danke ich für die kritische Lektüre des Teiles I.

nomischer Belastungen die rechten Gegner des 'Systems' leichtes Spiel hatten, die demokratischen Entscheidungsprozesse zu unterminieren und so der rationalen demokratischen Staatsidee ein irrationales Programm militanter Mythensetzung im Zeichen nationaler Selbstüberheblichkeit zu substituieren. Schon 1920 konstatierte Alfred Döblin bitter das Manko der jungen 'Republik': „Die Verselbständigung war vertagt. Man konnte sie vorläufig als Verfassung zu Papier machen."[1] Noch deutlicher äußerte sich Otto Flake 1923 in der ‚Weltbühne': „Ich mache mir keine Illusionen; erfahre ich doch täglich, daß man mich für einen Bolschewisten oder Kommunisten hält, warum? Weil ich der Mattheit des Bürgertums, der Feigheit der Demokratie, der Erhitzung der Nationalisten opponiere. Opposition aber, das ist in Deutschland Vaterlandslosigkeit."[2] Die Zukunft hat derartige Beobachtungen und Befürchtungen mehr als bestätigt. Trotz alledem ist die These von der 'Republik ohne Republikaner' nicht berechtigt. Die Weimarer Jahre waren auch Jahre hoffnungsvoller Ansätze in Gestalt unbeirrbarer Bemühungen um demokratische Praxis. Das Beispiel Gustav Stresemanns etwa zeigt, wie aus einem deutlich chauvinistisch orientierten Nationalliberalen ein überzeugter Europäer und Weltbürger werden konnte, der in den sechs Jahren seiner Tätigkeit als Außenminister konsequent den Weg politischer Vernunft propagierte. Ganz ähnlich ist die 'Politisierung' Thomas Manns in jenen Jahren aufzufassen. Am 14. Februar 1919 schrieb der Verfasser der ‚Betrachtungen eines Unpolitischen' in der ‚Frankfurter Zeitung' den bemerkenswerten Satz: „Es ist Zeit, zu zeigen, daß das deutsche Volk mit der Freiheit eine ehrbare Ehe zu führen weiß." Drei Jahre später, im Oktober 1922, betitelte Thomas Mann seine im Beethovensaal zu Berlin gehaltene Rede durchaus programmatisch: ‚Von deutscher Republik'. Was er hier in Anwesenheit des Reichspräsidenten Friedrich Ebert und des Schriftstellerkollegen Gerhart Hauptmann (dem er seine Rede zum sechzigsten Geburtstag widmete) öffentlich äußerte, war selbstkritisch und bekenntnishaft zugleich gemeint. Sein Bekenntnis zur Weimarer Republik gipfelte in der nachdrücklich bekundeten „Einsicht, für die ich [Thomas Mann; d. V.] Teilnehmer werben möchte, daß Demokratie etwas Deutscheres sein kann als imperiale Gala-Oper"[3]. Es war nur konsequent, wenn der republikanische Repräsentant sich am Ende der Weimarer Demokratie auch dezidiert parteipolitisch für die Sozialdemokratie aussprach, ebenso für die politische Arbeit Gustav Stresemanns. Thomas Mann tat dies im Bewußtsein des drohenden „Veitstanz[es] des Fanatismus". Klarsichtig erkannte er im heraufkommenden Faschismus „das Wunschbild einer primitiven, blutreinen, herzens- und verstandesschlichten, hackenzusammenschlagenden, blauäugig gehorsamen und strammen Biederkeit", eine „vollkommene nationale

---

(1) Döblin, Alfred: Ausgewählte Werke in Einzelbänden: Schriften zur Politik und Gesellschaft. Olten und Freiburg i. Br. 1972, S. 119. Das Zitat entstammt dem im Januarheft 1920 der ‚Neuen Rundschau' erstmals erschienenen Aufsatz ‚Republik'.
(2) Die Äußerung Flakes ist vor allem deswegen interessant, weil er gewiß kein Mann der Linken war. Seine am 6. 12. 1923 in der ‚Weltbühne' erschienene kritische Stellungnahme unter dem Titel ‚Der Zug nach rechts' ist gerade interessant als Kommentar eines jeglicher Parteiung abholden Individualisten mit dem Hang zum Elitären.
(3) Mann, Thomas: Zuspruch; in: Frankfurter Zeitung (14. 2. 1919). Ders.: Gesammelte Werke, Bd. XI. Frankfurt/M. 1960, S. 827 (s. a. ebd., S. 1172).

Simplizität"⁴. Er sah noch nicht, daß er eine riesenhaft anwachsende Mehrheit gegen sich hatte.

Denn tiefer bezeichnend für das prägende politische Klima damals ist gewiß die unrühmliche Ablösung des 1925 verstorbenen ersten sozialdemokratischen Reichspräsidenten Friedrich Ebert durch den Generalfeldmarschall des Ersten Weltkriegs: Paul von Hindenburg. Höchst zutreffend diagnostizierte Theodor Lessing dieses Phänomen, indem er folgerte, mit Hindenburg übernehme nur „ein repräsentatives Symbol, ein Fragezeichen, ein Zero" das erste Amt im Staate; zwar könne man sagen: „Besser ein Zero als ein Nero", leider zeige aber „die Geschichte, daß hinter einem Zero immer ein künftiger Nero verborgen steht". Und in der Tat folgte auf die Null Hindenburg jener Nero, zu dem, wie man weiß, Karl Kraus nichts einfiel. Wir kennen die Folgen.

Gar mancher schreckt nicht davor zurück, den völligen politischen, militärischen und – was entscheidend ist – moralischen Bankrott der Neuauflage Neros fatalistisch zum 'Zusammenbruch' zu entschärfen. Dahinter steckt die gleiche Blindheit oder Unverschämtheit, die Hitler und sein Drittes Reich kurzerhand als 'schicksalhaftes Verhängnis' einstufen möchte. Dem steht indes unter anderem entgegen, daß die Partei der Braunhemden immerhin mit der Legitimation einer demokratischen Wahl an die Macht gekommen ist (von den Kommunisten zynisch kommentiert mit der Parole: „Erst Hitler, dann wir"), ferner, daß die Nazis ihren diktatorischen Machtapparat fast mühelos auf Strukturen aufbauen konnten, die bis in die Geschichte des 19. Jahrhunderts zurückreichen. Denn ohne Zweifel hat sich der Nationalsozialismus gesellschaftliche Entwicklungen zunutze gemacht, die unmittelbar aus der auf die gescheiterte 48er Revolution folgenden Restauration herzuleiten sind. Da ist einerseits die gezielte Entmündigung und Selbstentmündigung des Bürgertums ins Feld zu führen, andererseits die systematisch betriebene Isolierung der Arbeiterbewegung (repressiv durch die Sozialistengesetze, taktisch durch den Bismarckschen Staatssozialismus). Der Sozialist Arthur Rosenberg und der Liberale Ralf Dahrendorf haben das Nötige dazu gesagt. Zu spät besann sich die „verspätete Nation" (Plessner) ihrer republikanischen Möglichkeiten; sie scheiterte demgemäß unter dem Druck der Weltwirtschaftskrise infolge demokratischer Anämie.

Deswegen mutet es einigermaßen grotesk an, wenn in den historischen Darstellungen der DDR immer wieder die Behauptung aufgestellt wird, in den zwanziger Jahren sei insofern ein radikaler gesellschaftlicher Wechsel vor sich gegangen, als die Herausbildung eines proletarischen Bewußtseins damals sich als gesamtgesellschaftlich prägend erwiesen habe. Demgegenüber muß gesagt werden: Zu keinem Zeitpunkt ist es der KPD gelungen, auch nur die Mehrheit der Industriearbeiter hinter sich zu bringen, geschweige denn die Gewerkschaften oder gar größere Teile der übrigen Bevölkerungsgruppen. Offensichtlich reagierten die Massen anders auf die Wirtschaftskrise und die ver-

---

(4) Wichtig sind in diesem Zusammenhang vor allem zwei Reden: ‚Deutsche Ansprache' (1930), die zunächst den bezeichnenden Titel ‚Appell an die Vernunft' trug sowie die Rede vor Arbeitern in Wien (1932). Die Zitate finden sich in der ‚Deutschen Ansprache' (T. M.: Gesammelte Werke, Bd. XI. Frankfurt/M. 1960, S. 882 und 881).

heerende Arbeitslosigkeit, als das nach den kommunistischen Erwartungen hätte geschehen müssen. Wie häufig, wichen hier marxistisch-leninistische Theorie und soziale Praxis deutlich voneinander ab.
Trotzdem gibt es tatsächlich einen tiefreichenden gesellschaftlichen Umbruch für die Weimarer Zeit zu registrieren. Fast unbemerkt spielte er sich hinter der Fassade scheindemokratischen Alltags, hinter konservativer Verweigerung, bürgerlichem Materialismus und nationalistischer Träumerei ab. Infolge der ökonomischen Entwicklungen, vor allem im Zuge der Konzentration zu Konzernen, kam es zu einer fundamentalen Umbildung der Sozialstruktur. Durch die Herausbildung ganz neuer Schichten der mittleren und unteren Angestellten wurde das herkömmliche Gefüge der Klassengesellschaft (Adel, Bürgertum, Proletariat) von Grund auf verändert. Die rasch anwachsende Gruppierung dieser zu kurz gekommenen, sich deklassiert fühlenden 'Zwischenschichtler' (wie der etwas hilflose soziologische Begriff lautet) machte bald von sich reden. Es waren nämlich just jene Kleinbürger, die zum ausschlaggebenden Potential der Wähler Hitlers wurden. Siegfried Kracauer hat als einer der ersten Wissenschaftler die folgenschwere quantitative und qualitative Bedeutung dieses Produkts der industriellen Massen- und Konsumgesellschaft erkannt. Mit dem Typus des autoritätshörigen Angestellten entdeckte er das zentrale Thema für die Gesellschaftstheorie der zwanziger Jahre. Doch ist neben ihm ein hierzulande fast vergessener Soziologe zu nennen, dessen kurz vor der Machtübernahme abgeschlossene, aber nicht mehr veröffentlichte Studie als Grundlagenuntersuchung anzusehen ist: Hans Speiers 1977 erschienene Arbeit über ‚Die Angestellten vor dem Nationalsozialismus'.
Fassen wir zusammen: Unstreitig waren das Scheitern einer wahrhaft demokratischen Verfassungs*wirklichkeit* sowie die Herausbildung des Kleinbürgertums zwischen 'neuem Proletariat' und 'neuem Mittelstand' die bestimmenden Merkmale, welche die deutsche Geschichte zwischen November 1918 und Januar 1933 geprägt haben. Interessanterweise sind es gerade die damit zusammenhängenden Probleme, die von den Künstlern, insbesondere den Schriftstellern, mit Vorrang thematisiert wurden.

II. 'Goldene zwanziger Jahre'? — Abriß einer Kultur der Widersprüche

In kulturpolitischer Hinsicht erscheint die Zeit der Weimarer Republik ebenfalls ambivalent. Die Vielfalt der politischen Gruppierungen fand ihren Niederschlag in den ebenso vielfältigen politischen Orientierungen der Künstler. Gab es schon immer die 'Gleichzeitigkeit des Ungleichzeitigen', so kann hier geradezu von einer Polarisierung und Atomisierung in den Künsten gesprochen werden. Kurt Sontheimer faßte diesen Sachverhalt sehr überzeugend unter dem Stichwort der „Kultur der Widersprüche" zusammen. Offensichtlich begünstigten die politischen Divergenzen auch entsprechende Differenzierungen im ästhetischen Bereich. Indes kann längst nicht alles, was da geschrieben wurde, als künstlerisch innovierend angesehen werden. Das Spektrum des Literaturgeschehens macht das deutlich. Es reichte von der völkischen Literatur bis zum Bund Proletarisch-Revolutionärer Schriftsteller (BPRS), vom Kon-

servativismus bis zur Avantgarde, von metaphysischen, mythischen oder idyllischen Tendenzen bis zur literarischen Aufklärung und zur politischen Agitation. Nie zuvor hatten sich evolutionäre, revolutionäre, restaurative und regressive Positionen in der literarischen Produktion so extrem überlagert. Nimmt man die Vertreter der Trivialliteratur dazu, wird das Bild noch diffuser, zumal von den republikanischen Parteien wie von kommunistischer Seite der Versuch unternommen wurde, gehobene und niedere Literatur zu einem Ausgleich zu bringen, um so auch über das Buch an möglichst breite Schichten der Bevölkerung heranzukommen. Unter den divergierenden Ansprüchen von Politisierung (im Zeichen der Demokratisierung oder – leider ebenso und gegen Ende der zwanziger Jahre immer stärker – im Zeichen 'völkischer Besinnung'), Technisierung und Kommerzialisierung verändern sich die literarischen Kategorien. Die Literatur gewinnt ein direktes Verhältnis zur Öffentlichkeit. Nie zuvor gab es so viele Manifeste und politische Erklärungen der Schriftsteller. Aus alledem resultiert eine proteushafte Physiognomie des literarischen Geschehens. Gegensätze und Widersprüche drängen sich dem Betrachter auf. Heterogenität bestimmt die Literatur der Weimarer Republik.
Sehr zu Recht führte Alfred Döblin die im System der künstlerischen Ausdruckskräfte auftretenden Verwerfungen auf das „Durcheinanderschieben zweier Epochen" zurück. Kontinuität und Diskontinuität, Konvention und Experiment ergaben – im Spannungsfeld von Expressionismus und Neuer Sachlichkeit – jenen für die Weimarer Kultur wiederholt geltend gemachten „Tumult aller Stile". Das hängt zusammen mit der in Gang gekommenen Demokratisierung der Öffentlichkeit, denn sie hatte ihrerseits die Demokratisierung des literarischen Lebens im Gefolge. Diese an sich positive Entwicklung hat freilich auch ihre Kehrseite. Fehlt ein verbindlicher Stil, fehlen zunächst einmal verbindliche Kategorien. Ersichtlich damit hängt es zusammen, daß beispielsweise die Sektion für Dichtkunst der Preußischen Akademie der Künste 1930 bei der Wahl eines mit einem Preis zu ehrenden Kollegen nur zu dem folgenden deprimierenden Ergebnis gelangte: „Während Bert Brecht lediglich eine Stimme – die von Georg Kaiser – erhielt, siegte nach einer Stichwahl mit Else Lasker-Schüler schließlich Friedrich Schnack mit 14 : 6 Stimmen bei einer Stimmenthaltung (Döblin)."[5] Nicht wesentlich anders ging es mit der Verleihung des renommierten Kleist-Preises: Ödön von Horváth empfing ihn 1931 zu halben Teilen mit einem gewissen Erik Reger.[6] Derartige Entscheidungen zeugen von der generellen Unsicherheit. Das hohe Niveau der Avantgarde darf uns nicht darüber hinwegtäuschen, daß der äußerst kontroverse literarische Diskurs der zwanziger Jahre demgegenüber deutlich abfällt.
Automatisch erhebt sich somit die Frage nach dem Stellenwert ästhetischer Neuerungen in einer derartigen Situation. Immerhin taucht ja, wenn von der Weimarer Ära die Rede ist, allemal rasch das Schlagwort von den 'Goldenen

---

(5) Jens, Inge: Dichter zwischen rechts und links. Die Geschichte der Sektion für Dichtkunst der Preußischen Akademie der Künste dargestellt nach den Dokumenten. München 1971, S. 142.
(6) Vgl.: Ödön von Horváth. Leben und Werk in Dokumenten und Bildern (= st 67). Hrsg. v. Traugott Krischke und Hans F. Prokop. Frankfurt/M. 1972, S. 76.

zwanziger Jahren' auf. Bei Golo Mann etwa können wir dazu folgendes lesen: „Das, was unter dem Kaiser Opposition gewesen war, trat nun in den Vordergrund, bildete eine gewissermaßen offizielle republikanische Geistessphäre: Literatur, bildende Kunst, Theater, Film. Hier wurde begierig experimentiert. [...] Die Stadt der Hohenzollern als freigeistigstes, aktivstes Kulturzentrum Europas – das war neu."[7] Also doch 'Goldene zwanziger Jahre'? Wir müssen uns fragen, inwieweit da verklärende Erinnerung im Spiele ist. Zweifellos sollte diese Kennzeichnung dazu dienen, ein für die bundesrepublikanische Gesellschaft und ihr restauratives Bewußtsein typisches Traditionsdefizit auszugleichen. Überdies wurde dadurch ebenso einem ausgeprägten Nostalgiebedürfnis Genüge getan. – Richtig an der vergoldenden Assoziation ist, daß in der Weimarer Zeit auf allen Gebieten der Kunst nachhaltige Veränderungen eintraten. Deswegen ergibt sich für den Betrachter das Bild einer ungewöhnlichen kreativen Diversität. Die Aufzählung der wichtigsten Uraufführungen eines einzigen Jahres belegt das hinreichend: 1922 kamen nacheinander auf die Bühne neue Stücke von Ernst Barlach (‚Der Findling'), Hans Henny Jahnn (‚Die Krönung Richards III.'), Gerhart Hauptmann (‚Das Opfer'), Arnolt Bronnen (‚Vatermord'), Ernst Toller (‚Die Maschinenstürmer'), Hugo von Hofmannsthal (‚Das Salzburger Große Welttheater'), Bertolt Brecht (‚Trommeln in der Nacht'). Ein Wendepunkt? Ja und nein. Synthetisches Traditionsdenken steht da neben gesellschaftskritischer Analyse, rein ich-bestimmte Seelenwirklichkeit neben einer alle Trennwände durchstoßenwollenden Gemeinschaftssehnsucht, Formkonvention neben dem innovierenden Versuch.

Ein Blick auf die literarischen Entwicklungen in der Bundesrepublik zeigt die anhaltende Wirkung der damaligen Strömungen. Nur wenige Werke sind da zu finden, welche nicht ihr Vorbild im Literaturprozeß der zwanziger Jahre hätten. Für nahezu alle Spezifika unserer Gegenwartsliteratur – Naturgedicht und Hörspiel, Reportage und Parabelstück, Dokumentarliteratur und Dialektdichtung, Volksstück und Agitprop, Texte der Selbsterfahrung und konkrete Lyrik – lassen sich dort Muster finden. Sicherlich wäre es töricht, deshalb von Epigonentum zu sprechen. Wohl aber hat das zu tun mit produktiver Aneignung angemessener Traditionsmodelle – gerade nach dem Traditionsbruch durch die nationalsozialistische Unzeit.

So golden waren übrigens die Weimarer Jahre auch wiederum nicht. Ein Beispiel für viele: Nicht die Stücke Brechts, Hofmannsthals, Horváths oder Tollers wurden zu den theatralischen Haupterfolgen, sondern Carl Zuckmayers ‚Fröhlicher Weinberg' und die vom jungen Brecht mit Recht als „Saustück" bezeichnete Rührklamotte ‚Alt-Heidelberg' von Wilhelm Meyer-Förster. Das mag sich harmlos ausnehmen. Doch steckt dahinter nicht allein Erfolgshascherei und Schielen nach den Einnahmen. Anderes, weit Schlimmeres entstand aus solcher Einstellung unter den bürgerkriegsähnlichen Bedingungen am Ende der Weimarer Republik. Herbert Ihering hat diesen Befund schon 1932 re-

---

(7) Mann, Golo: Deutsche Geschichte 1919–1945 (= Fischer Bücherei 387). Frankfurt/M. 1961, S. 41.

gistriert: „Intendanten versperren jüdischen Darstellern das Engagement aus Angst vor den Nazis. Stücke verdächtiger Autoren – und jede Begabung ist verdächtig – werden nicht mehr gespielt." Er zog daraus die einzig mögliche Folgerung: „Die politische Machtfrage ist auch im Theater aufgerollt." [8] Iherings Erkenntnis hatte generelle Bedeutung: Es ging um die Kunst, um den Ausdruck fortschrittlichen Geistes und freiheitlicher Gesinnung. Zwar hat die Literatur der Weimarer Republik auf der Grundlage von Reflexion und Funktionalität neue literarische Maßstäbe aufgerichtet; doch wäre es anmaßend, diesen durchaus ambivalenten Abschnitt der deutschen Geschichte darum kurzerhand im Zeichen geistiger Prosperität anzusiedeln. Ohnehin wird – sehr zu Recht – immer wieder darauf hingewiesen, der eigentliche Durchbruch der Moderne in der Kunst sei schon um 1910 erfolgt. Unstreitig können nämlich die Jahre unmittelbar vor dem Ersten Weltkrieg als ein Drehpunkt im Kanon der ästhetischen Programme angesehen werden. Allerdings ist dem gleich hinzuzufügen, daß die Durchsetzung der neuen Kunst beim Publikum erst im experimentellen Freiraum der Republik den erforderlichen Nährboden finden konnte. Innovationen im Sinne der „nicht mehr schönen Künste" (Hans Robert Jauß) sind, wenigstens virtuell, auf eine derartige Breitenwirkung angewiesen. Und das kann immerhin zum Lobe der Weimarer Republik gesagt werden: Sie hat neuen Leserschichten den Zugang zur Literatur eröffnet. Dank dem für „jene sonderbaren Zwanziger Jahre" (Hans Mayer) charakteristischen rezeptionsfördernden Klima ging die Saat der Bennschen 'Morgue'-Gedichte, der Erzählungen Kafkas, der theatralischen Entlarvungen des 'bürgerlichen Heldenlebens' durch Carl Sternheim und auch von Heinrich Manns Konzept einer Einheit von 'Geist und Tat' allmählich auf – wenigstens im Bewußtsein der literarisch interessierten Öffentlichkeit. Darum kann der Durchbruch der modernen Kunst in Deutschland mit Fug und Recht als Aktivposten der Weimarer Jahre verbucht werden.
Aber da ist noch mehr. Die herausragende originale Leistung der Weimarer Literatur liegt offensichtlich in der Ausarbeitung einer funktionalen Ästhetik; anders ausgedrückt: in der Überwindung und Zurückweisung der 'reinen Kunst'. Die praktischen Konsequenzen des programmatischen Umschlags liegen in der Aktivierung der Kommunikationssituation. Die Relation 'Autor – Text – Leser / Hörer / Zuschauer' wird gleichsam wirkungsästhetisch aufgeladen. Adressat ist der „implizite Leser" (Wolfgang Iser). – Im Verlauf der daraus resultierenden – hier bereits kurz angesprochenen – kulturellen Demokratisierung tritt ein neuer Typ des Autors in Erscheinung. Weil schöngeistiger Ästhetizismus und künstlerische Repräsentantenrollen nicht mehr überzeugen, gehen die zukunftsprägenden Schlüsselpositionen (beileibe nicht der Marktwert!) von Schriftstellern wie George, Hofmannsthal, Rilke und Thomas Mann auf Döblin, Kafka, Musil und Brecht über. Der veränderte Literaturbegriff bindet das Gestaltungsverfahren der Autoren unmittelbar an ihr Konzept vom Menschen. Ihre Appelle sind nicht mehr für Gemeinden und Kreise

---

(8) Ihering, Herbert: Harakiri des Theaters? (1932); in: H. I.: Der Kampf ums Theater und andere Streitschriften 1918 bis 1933. Berlin (DDR) 1974, S. 410–413 (Zitat: S. 410 f.).

auserlesener Jünger gedacht, sondern für die kritische Öffentlichkeit eines demokratischen Staatswesens. Der künstlerische Ausdruck wird dadurch gewissermaßen in einen „neuen Aggregatzustand" (Alice Rühle-Gerstel) versetzt. Brecht hat die bündigste Bestimmung der gewandelten Sachlage vorgenommen, indem er das „Produktionsmittel Literatur" vom „Gebrauchswert" her bestimmte.

Eng verknüpft mit der funktionalen Ästhetik ist die Verwendung der Montage als zentrales künstlerisches Ausdrucksmittel. Erlaubt dieses Verfahren doch dem Autor ein Aufbrechen der längst nicht mehr geglaubten Geschlossenheit des Weltbilds und somit ein geradezu anatomisches Sezieren des vorgegebenen Lebenskontexts durch Integration fragmenthafter, aber repräsentativer Wirklichkeitsausschnitte. Im Artefakt spiegelt sich der gebrochene Wirklichkeitszusammenhang wider. Mittels der Montagetechnik entsteht jeweils eine offene Konstellation von Einzelteilen, welche zwar durchaus noch den Eindruck eines Ganzen andeutet, zugleich aber bewußt macht, daß die 'Anschlußstellen' nicht mehr organisch zusammengehören. Somit werden die Brüche und Risse erkennbar. Sie signalisieren das Ende jener Erzähltotalität, die Lukács mit seiner Literaturtheorie immer noch am Leben erhalten wollte. Der marxistische Dogmatiker realisierte nicht, wie gründlich in der Zwischenzeit die Idee einer Alleinheit der Menschen und der Dinge vor die Hunde gegangen war. Die künstlerische Montage war die angemessene ästhetische Reaktion auf die fortschreitende Relativierung der traditionellen Sinn- und Wertordnung und des daraus resultierenden Weltbilds.

Neben dem erwähnten Kategorienschwund hatte die kulturelle Demokratisierung noch eine andere Kehrseite. Der Befund einer verdinglichten Massengesellschaft veranlaßte die 'Macher' aus der Bewußtseinsindustrie zum systematischen Ausbau einer schablonisierten Massenkultur in Gestalt von Groschenheften, Serienromanen und allen weiteren Formen der Trivialliteratur. Im Verein mit neu organisierten Distributionsinstanzen (Leseringe, Buchclubs, Leihbuchhandel, Kioskverkauf usw.) entstand hierbei der Belletristik eine gezielte Konkurrenz der zeitvertreibenden Freizeit- und Unterhaltungslektüre. Sie bestimmte den literarischen Markt schon bald nachdrücklicher als alle künstlerischen Impulse. Da überdies – abgesehen von den parteilichen Versuchen in dieser Richtung (wie etwa der 'Roten Eine-Mark-Reihe' u. ä.) – mit der Trivialliteratur die Illusion einer ideologiefreien 'Kunst' genährt wurde, ließen sich die Lesermehrheit und deren Machthaber die 'Botschaft' gerne gesagt sein. Im ‚Dreigroschenprozeß' versuchte Brecht, derartige „Fortschritte zur Barbarei" (Benjamin) anzuprangern. Am Kulturkonsum der Massen hat sich dadurch freilich nichts geändert.

Stark geprägt wurde die Weimarer Literatur auch durch Einflüsse von außen. In erster Linie ist hier der wachsende Einfluß neuer Medien – Rundfunk, Schallplatte, Film – zu nennen. Die Autoren konnten diese Ausdrucksbereiche zwar dadurch partiell für ihre Zwecke erschließen, daß sie sich auf neue Gattungen wie Hörspiel, Song, Filmskript einließen. Doch blieb es, auf's Ganze gesehen, bei wenigen produktiven Versuchen, die neuen Möglichkeiten, an ein breiteres Publikum heranzukommen, zu nutzen. Einen Musterfall hierfür stellt Brechts Beschäftigung mit den neuen Medien dar (z. B. Rundfunkfassungen des ‚Flugs der Lindberghs' und der ‚Heiligen Johanna der Schlachthöfe', eine Rundfunkbearbeitung von Shakespeares ‚Hamlet', das Drehbuch ‚Die Beule' für die Verfilmung der ‚Dreigroschenoper', Schallplatteneinspielungen der Songs aus der gleichen 'Oper' sowie die Mitarbeit am Film ‚Kuhle Wampe'). Auch Becher, Benn, Döblin und Albert Ehrenstein arbeiteten für den Rundfunk; Irmgard Keun schreibt ihren Roman ‚Das kunstseidene Mädchen' „wie Film". Doch ist demgegenüber insgesamt eher anzumerken, daß sich in der Regel der Öffentlichkeitsraum für die Schriftsteller aufgrund der Medienkonkurrenz verengte. Es war demzufolge nicht weit her mit der kulturellen Demokratisierung auf breiter Grundlage.

In einem Punkt allerdings ergab sich aus den veränderten Produktionsbedingungen und Wirkungsabsichten für die Kunst in Deutschland eine folgenschwere Weichenstellung. Im Zuge der ideologischen Polarisierung bildete sich aus der gespaltenen Arbeiterbewegung heraus eine revolutionäre Gegenöffentlichkeit transnationaler Orientierung. Konsequenterweise propagierten ihre künstlerischen Parteigänger eine politisch-revolutionäre Literatur. ‚Literatur der Arbeiterklasse' heißt darum eine programmatisch ausgerichtete kulturpolitische Sammlung von Aufsätzen „über die Herausbildung der deutschen sozialistischen Literatur 1918–1933", die von der Deutschen Akademie der Künste zu Berlin (DDR) herausgegeben wurde. Man geht nicht fehl, wenn man in diesem Vorgang den Anfang sieht für die Existenz zweier grundverschiedener Strukturen des literarischen Lebens hierzulande. Seitdem die KPD 1928 den ihr angehörenden Schriftstellern einen institutionellen Rahmen in Gestalt des BPRS zuwies, ist die Einheit der Literatur in deutscher Sprache faktisch verlorengegangen. Von diesem Datum ab gibt es eine Literatur des Bürgertums und eine Literatur des Proletariats. Es dauerte nur geraume Zeit, bis man bemerkte, daß damit die heute durch die Existenz zweier deutscher Staaten evident gewordene Zweiteilung sich damals anbahnte. Die Weimarer Literatur lieferte demnach die paradigmatische Vorform der aktuellen zweigeteilten deutschen Literatur. Die einzige daraus mögliche Folgerung lautet: Ohne den Rekurs auf die Tradition der zwanziger Jahre lassen sich weder Genese noch Entwicklung der Literatur in der DDR angemessen verstehen.

Wie gesagt, führte das Nebeneinander konventioneller und innovierender Schreibweisen, operationeller Texte und Konsumliteratur mit sämtlichen Zwischenformen zu einem äußerst diffusen und heterogenen Literaturgeschehen. Rubriken und Kennmarken nützen da wenig. Immerhin läßt sich für die Belletristik ein vertikales Schichtmodell ausmachen, das die ideologischen Positionen zugrunde legt. – Da ist zum einen die Literatur des „soldatischen Nationalismus" (Karl Prümm). Das Thema des mythisierten Kriegserlebnisses (Ernst Jünger), die Verherrlichung des Krieges als Erfüllung einer imperialistischen Idee (Hans Grimm), Verachtung der Demokratie und ihrer Schwierigkeiten sowie der Literaten und ihrer 'Asphaltliteratur', das sind – neben regressiven Blut-und-Boden-Sehnsüchten – die bevorzugten Inhalte der Barden aus dem völkischen Lager. Über diese Sujets kommen sich Nationalkonservative und Nationalrevolutionäre rasch näher. Im selben Jahr – 1928 –, in dem sich der kommunistische BPRS konstituiert, gründet

Alfred Rosenberg in München den sog. 'Kampfbund für deutsche Kultur'. Seine Zielbestimmung lautet: „Umfassender Zusammenschluß aller Kräfte des schöpferischen Deutschtums, um in letzter Stunde zu retten und zu neuem Leben zu erwecken, was heute zutiefst gefährdet: deutsches Seelentum und sein Ausdruck im Schaffenden Leben." [9] Mit solchen Parolen traten die Totengräber der deutschen Kultur in Erscheinung. Kaum mehr als vier Jahre später hatten sie den Kampf um die Massen für sich entschieden. Historisch von Interesse ist daran nur eines: Was während des Dritten Reiches in Deutschland geschrieben und als 'echtes deutsches Schrifttum' vertreten wurde, hat hier schon seine Wurzeln. Derlei honorierte das 'gesunde Volksempfinden' uneingeschränkt mit Beifall. Ganz zweifellos war damit entschieden mehr Zustimmung zu gewinnen als mit nüchternen Appellen an die Vernunft. Barbarei, Regression, Provinzialismus und Ungeist gingen so eine traurige Verbindung ein, deren fatale Wirkung nicht wenig beigetragen hat zur Zerstörung der Weimarer Republik und ihrer Kultur.

Als zweite Schicht bildet die bürgerliche Literatur eine breite Mitte. Zu ihr gehören konservative Orientierungen (Gertrud von Le Fort, Agnes Miegel) ebenso wie linksbürgerliche Positionen (Heinrich Mann, Döblin). Vor allem aber sind diesem Bereich die meisten derjenigen Schriftsteller zuzuordnen, deren Werk inzwischen kanonische Geltung erlangt hat (oder wenigstens erlangt haben sollte!), gleichgültig ob es sich um Thomas Mann, Kafka, Hesse, Horváth, Musil oder Broch handelt. Angesichts derart hochkarätiger Autoren hat es sich die DDR-Germanistik allzu leicht gemacht, wenn sie hier kurzerhand drei unterschiedliche Gruppierungen statuierte. Bürgerliche Literatur war nach dortigen Maßstäben entweder „demokratisch-humanistisch", „resignativ-ästhetizistisch" oder schlicht „präfaschistisch". Zu offensichtlich wird dabei ein vielschichtiger Sachverhalt schematisiert und eingeebnet. Die Frage ästhetischer Qualität kann so nicht zum Tragen kommen. Wird der Akzent einseitig auf Parteilichkeit gelegt, fallen Probleme wie das der künstlerischen Innovation, der menschlichen Dimension oder der traditionsbildenden Potenz unter den Tisch. Und damit entfällt die Möglichkeit einer adäquaten Interpretation der zur Frage stehenden Autoren. Zweifellos hat die bürgerliche Wissenschaft hierzu überzeugendere Deutungsmuster vorgelegt.

Links von der Mitte sind dann die Schriftsteller angesiedelt, welche ihr Schreiben einem sozialrevolutionären Engagement unterordnen. Toller, Brecht, Anna Seghers stehen für diese Richtung und auch Friedrich Wolf, Johannes R. Becher oder Willi Bredel. Ihr politischer Anspruch radikalisiert die funktional verstandene Literatur gemäß der Parole Friedrich Wolfs: „Kunst ist Waffe!" Die meisten der genannten Schriftsteller, vor allem diejenigen unter ihnen, die dem BPRS angehörten, verstanden die literarische Arbeit nach dem Muster des sowjetischen Proletkults als Agitationsliteratur, als Beitrag zum Klassenkampf. Benn höhnte im Blick auf derartige Schreibleistungen mit der berühmt gewordenen Formulierung, der Gegensatz zur Kunst liege in der Formel: „Gut gemeint". Fast der einzige, der hier nicht mitmachte, war bezeichnender-

---

(9) Zitiert nach dem ‚Lesebuch: Weimarer Republik. Deutsche Schriftsteller und ihr Staat von 1918 bis 1933'. Hrsg. v. Stephan Reinhardt. Berlin 1982, S. 151.

weise Brecht. Ganz wie Heine im Vormärz war er nämlich darum bemüht, gesellschaftliche und künstlerische Anforderungen miteinander in Einklang zu bringen. Hier liegt der Grund, warum er – trotz weitgehender ideologischer Übereinstimmung – sich von der Partei und ihren kulturpolitischen Ablegern fernhielt. Wo andere ihr Soll erfüllten, bestand er auf seiner Sonderstellung. Diese Distanzhaltung hat ihn nicht daran gehindert, zum wahrscheinlich bedeutendsten sozialistischen Autor zu werden, von dem – zusammen mit dem 'bürgerlichen' Kafka – die stärksten Wirkungen ausgingen.
Selbstverständlich ist das skizzierte Schichtmodell nichts als eine Hilfskonstruktion im Sinne einer Orientierungsgrundlage. In der Realität bestimmen nicht diese klaren Linien, sondern Verwerfungen und Überlagerungen das Bild. Die faschistischen Schreiber Erwin Guido Kolbenheyer oder Will Vesper sind 'zutiefst' bürgerliche Erscheinungen. Niemand hat wie der kakanische Adelsproß Ödön von Horváth die kleinbürgerlichen Kompensationsbedürfnisse in seinen Stücken dingfest gemacht, die dann im Nationalsozialismus sich so hemmungslos austoben konnten. Es war der Prager Bürgersohn Franz Kafka, der die Situation der Entfremdung des modernen Menschen in präzisen Parabeln beschrieben hat, nicht etwa die unter solchen Perspektiven angetretenen proletarisch-revolutionären Schriftsteller. Mit diesen Hinweisen soll gesagt sein, daß äußere schematische Zuordnungen als Kriterien literarischer Wertung wenig taugen.
Dem breit gefächerten Spektrum der literarischen Positionen und Tendenzen korrespondiert ein ebenso breit ausholender Themenkatalog. Vollständigkeit auch nur annäherungsweise leisten zu wollen, wäre ein müßiges Unterfangen. Lediglich einige Schwerpunkte realitätsbezogener Grundmotive sollen hier aufgeführt werden. Läßt man dabei die Texte der völkischen Rechten außer acht, weil sie nur Negativbeispiele beibringen können, sind drei große Komplexe auszumachen:
1. Zeitdiagnose in der Art der Gesellschaftsromane der Brüder Mann („Der Untertan', ‚Der Zauberberg'), Hesses (‚Der Steppenwolf'), Musils (‚Der Mann ohne Eigenschaften'), Brochs (‚Die Schlafwandler') oder Josef Roths (‚Radetzky-Marsch'), der Dramen Tollers (vor allem im Stück ‚Hoppla, wir leben!'), ebenso der Volksstücke Horváths oder Marieluise Fleißers oder auch so unterschiedlicher lyrischer Ansätze wie derjenigen von Benn oder Erich Kästner. [10]
2. Literatur der Veränderung von außen, will sagen: politische Literatur, „Literatur des Eingreifens" (Brecht). Hierher gehören Betriebsromane und Reportagen (z. B. die Romane ‚Brennende Ruhr' von Karl Grünberg, ‚Maschinenfabrik N & K' von Willi Bredel, ‚Walzwerk' von Hans Marchwitza, ‚Ein Prolet erzählt' von Ludwig Turek, ‚Denn sie wissen, was sie tun' von Ernst Ottwalt sowie ‚Der rasende Reporter' von Egon Erwin Kisch), die Lehrstücke Brechts und das Agitprop-Theater (Gustav von Wangenheim und Friedrich Wolf), operationelle Lieder und Tribünenlyrik (Erich Weinert), Satiren gegen die reaktionäre Justiz, gegen Militarismus und Chauvinismus (Kästner, Tu-

---

(10) Vgl. hierzu: Bayerdörfer, Hans-Peter: Weimarer Republik; in: Geschichte der deutschen Lyrik vom Mittelalter bis zur Gegenwart. Hrsg. v. Walter Hinderer. Stuttgart 1983, S. 439–476.

cholsky, Brecht), Anti-Kriegsromane (Remarque: ‚Im Westen nichts Neues', Köppen: ‚Heeresbericht', Renn: ‚Krieg'), Attacken gegen gesellschaftliche Mißstände und Fehlentwicklungen, wie etwa die Rolle der Frau, Kampf gegen § 218, Kritik am Strafvollzug oder an der Fürsorgeerziehung u. a. m. (Wolf: ‚Cyankali', Toller: ‚Hoppla, wir leben!', Lampel: ‚Revolte im Erziehungshaus', Horváth: ‚Der Fall E. oder Die Lehrerin von Regensburg' etc.).

3. Literatur der Veränderung von innen, das heißt: Literatur der Bewußtseinsinventur. Lothar Köhn stellt dabei die „Krise des Individuums" in den Mittelpunkt.[11] Doch muß das dahin präzisiert werden, daß keineswegs nur Fragen der Identitätskrise in den Blick genommen werden, sondern genauso Kommunikationsbarrieren als Folge der Verdinglichung in den zwischenmenschlichen Beziehungen oder Partnerschaftskonflikte und Probleme der Arbeitssituation. Gottfried Benns Rede über ‚Das moderne Ich' (1920) hat in diesem Bereich ebenso ihren Platz wie dann besonders Brechts frühe Stücke (‚Baal', ‚Im Dickicht der Städte', ‚Trommeln in der Nacht', ‚Mann ist Mann') und die große Anzahl von Großstadtromanen (Döblin: ‚Berlin – Alexanderplatz', Fallada: ‚Kleiner Mann, was nun', Paul Gurk: ‚Berlin', Irmgard Keun: ‚Das kunstseidene Mädchen', Kästner: ‚Fabian', Siegfried Kracauer: ‚Stadtbilder', eine Art Vorstufe des Benjaminschen ‚Passagenwerks'). Durchweg handelt es sich bei diesen Texten um Reflexe einer „Zeit ohne Eigenschaften" in Form gezielter Erkundungen des 'falschen Bewußtseins'.

So verschieden die aufgeführten Ansätze auch sein mögen, als roter Faden geht durch sie alle hindurch die kritische Auseinandersetzung mit dem Bestehenden. Man kann daher konstatieren: Das Überzeitliche, das Verschwommen-Mystische, das Regressive, die Idylle oder das Magisch-Metaphysische sind ebenso dahingewelkt wie die Eintagsfliegen literarisierter Parteiprogramme und die stereotypen Berichte aus Arbeitswelt und Klassenkampf. Aktuell geblieben ist allein das Zeitbezogene, sofern die Autoren es verstanden haben, ihm durch die eingeschriebene Utopie Haltbarkeit zu geben. „Substantielle Geschichtserfahrung" (Walter Hinck) hat immer auch zu tun mit substantieller Erfahrung der Gegenwart und qualifizierter Vorbereitung der Zukunft. Und das ist gut so.

III. Rezeptionsbild

Den Auftakt zusammenfassender Darstellung der Weimarer Literatur bilden erste Versuche einer 'Epochenbeschreibung' in den letzten Jahren der Republik. Zu nennen sind hier die Namen von Paul Fechter (1929), Max Wieser (1931) und Albrecht Soergel (3. Folge: 1934).[12] Fechters mehrfach umgeschriebene und – leider – weit verbreitete ‚Literaturgeschichte' ist lediglich als Do-

---

(11) Köhn, Lothar: Überwindung des Historismus. Zu Problemen einer Geschichte der deutschen Literatur zwischen 1918 und 1933; in: DVJS 4/1974 (Inhaltsübersicht).
(12) Fechter, Paul: Geschichte der deutschen Literatur. Berlin 1929; Mahrholz, Werner: Deutsche Literatur der Gegenwart. Probleme, Ergebnisse, Gestalten. Durchgesehen und erweitert von Max Wieser. Berlin 1931; Soergel, Albert: Dichter aus deutschem Volkstum (3. Folge von ‚Dichtung und Dichter der Zeit'). Leipzig 1934.

kument von Interesse. Fehlende Maßstäbe (Hermann Stehr erscheint als „größter Dichter"!), geistige Enge, Opportunismus und präfaschistische Ideologie machen den Fall zum traurigen Exempel deutscher Geistesverirrung. Daß eine 'gereinigte' Fassung noch in der Bundesrepublik auf den Markt kommen konnte, muß nachdenklich stimmen. – In der Sicherheit des Urteils hingegen bemerkenswert sind die kurzen Ausführungen Wiesers. Das von ihm verfaßte ergänzende Kapitel zur Literaturgeschichte von Werner Mahrholz beschränkt sich zwar auf die Bestimmung wesentlicher Tendenzen. Doch konstatiert er in diesem Zusammenhang als erster auch für die Literatur die „Überwindung des Expressionismus durch die 'Neue Sachlichkeit'" und verweist dabei besonders auf den neuen Realismus im Drama, in der sachlichen Lyrik, im Großstadtroman und in der Kurzgeschichte. – Bleibt schließlich die zweifellos bekannteste und vielzitierte Sammlung Soergels: ‚Dichtung und Dichter der Zeit'. Als sie 1934 in der dritten Folge erschien, hatte sie den vielsagenden Titel: ‚Dichter aus deutschem Volkstum' und war „Hanns Johst, dem Deutschen" gewidmet. Man muß sich fragen, was den Erfolg dieser literarischen Einzelporträts ausgemacht hat. Denn sowohl die unerträgliche konservativ-völkisch-rassische Diktion wie auch die ebenso unerträglichen Urteile machen das Buch schlicht zum Skandal. Was es daran zu lernen gibt? Neben der Einsicht, daß Fachgelehrte blind sein können für die wirklichen Potenzen ihres Interessengebiets in der Gegenwart, wohl vor allem abermals die traurige Erkenntnis, daß die Hakenkreuzler mit ihrer 'nationalen Revolution' vielerorts offene Türen einrannten.

Mithin gibt es, einmal abgesehen von Wiesers knappem Aufsatz, so gut wie nichts Brauchbares über die Weimarer Literatur aus der Zeit selbst. Man muß schon zu den Artikeln, Essays und theoretischen Bestimmungen der Autoren selbst greifen, wenn man angemessen bedient werden will. Wahre Fundgruben in dieser Hinsicht sind zwei Sammelbände: das von Stephan Reinhardt im Wagenbach-Verlag herausgegebene ‚Lesebuch. Weimarer Republik. Deutsche Schriftsteller und ihr Staat von 1918 bis 1933' (Berlin 1982) und die von der Akademie der Wissenschaften der DDR unter der Leitung von Manfred Nössig veröffentlichte umfangreiche Untersuchung der ‚Literaturdebatten in der Weimarer Republik. Zur Entwicklung des marxistischen literaturtheoretischen Denkens 1918–1933' (Berlin und Weimar 1980). – Einsame Höhepunkte literaturhistorischer Analyse aus der Zeit heraus sind die Schriften Walter Benjamins. Die Wissenschaft von der Literatur hingegen hatte hierzu wenig zu bieten. Es war damals noch ziemlich unüblich, sich wissenschaftlich auf lebende Autoren einzulassen. Im übrigen war das einer der Gründe für das leidige Auseinanderklaffen von Literaturgeschichte und Gegenwartsliteratur.

Mit dem Jahr 1933 geriet ohnehin die Weimarer Literatur ins Zwielicht faschistischer Diffamierung. So wie die Nazis die Republik als „Systemzeit" und den Reichstag als „Schwatzbude" abqualifizierten, so zogen sie auch gegen den 'undeutschen Geist' in der Kunst zu Felde. Rasch zeigten die widerwärtigen Formeln von der 'entarteten Kunst' oder der 'jüdisch-bolschewistischen Asphaltliteratur' ihre verheerenden Folgen. Die Bücherverbrennungen vom 10. Mai 1933 setzten den Schlußpunkt hinter die von Golo Mann beschworene „republikanische Geistessphäre". Scheiterhaufen für die Bücher von Heinrich Mann, Erich Kästner, Remarque, Alfred Kerr, Tucholsky und Ossietzky, auch Freud und Marx. Über die Zurücknahme ganzer Traditionslinien der deutschen Kultur hinaus signalisierte das überdeutlich, was die 'nationale Revolution' in Wirklichkeit bedeutete: Rückfall in die Barbarei. Bestürzend für den heutigen Betrachter, mit welcher Zwangsläufigkeit die wesentlichen Vertreter der Weimarer Literatur abgelehnt wurden als Repräsentanten „undeutscher Dekadenz", „ohne Grundlage in der organischen Entwicklung des Volkes". Unter diesen Gegebenheiten verlagerte sich die produktive Auseinandersetzung mit der Literatur auf den Bereich der Exilländer, in denen die betroffenen Schriftsteller Zuflucht fanden. Die tragende ästhetische Diskussion der Emigration, die sogenannte Realismus-Debatte, entstand bekanntlich aus der Diskussion des Expressionismus und seiner Folgen. Doch hatten die Exilschriftsteller auf's Ganze gesehen genug mit ihrer prekären Gegenwartssituation zu tun.

So ergab sich für die Zeit nach der Niederlage Hitler-Deutschlands 1945 ein großer Nachholbedarf. Während aber in der DDR von Anfang an gezielte Maßnahmen systematischer Aufarbeitung der proletarisch-revolutionären und auch der 'bürgerlich-progressiv-humanistischen' Literaturtradition erfolgten, geschah in der Bundesrepublik wenig dergleichen. Symptomatisch für die abgeschnittene Verbindung zu den Ideen und zum kulturellen Klima der Weimarer Jahre ist das klägliche Scheitern des Alleingangs von Alfred Döblin mit seiner Zeitschrift ‚Das goldene Tor'. Sie war gedacht als Versuch, eine Brücke zur deutschen Moderne zu schlagen. Offensichtlich flößte – der sonst uneingeschränkten Restauration zum Trotz – die linksliberal und linksradikal geprägte Weimarer Kultur den Verantwortlichen der Adenauerzeit eher Unbehagen ein. Die apologetisch-politische Vereinnahmung durch den zweiten deutschen Staat dürfte das ihre dazu beigetragen haben. – Ein Blick auf die einschlägigen Literaturgeschichten zeigt den gleichen Befund. Sowohl Alker als auch Frenzel und Martini klammern die Weimarer Literatur als periodische Einheit aus dem Rezeptionsbewußtsein aus. Das steht durchaus im Einklang mit der generell von ihnen praktizierten, geradezu antihistorischen Betrachtungsweise. – Ähnliches – wenn auch unter anderen Vorzeichen – gilt für Walter Muschgs Auseinandersetzungen mit jener Zeit (‚Die Zerstörung der deutschen Literatur', 1956; ‚Von Trakl zu Brecht', 1961). Weil er dem historischen Prozeß ein organisches Schema von Blütezeit und Verfall überstülpt, geraten ihm seine Analysen zu spekulativ. Sein Ordnungsversuch bleibt im aufzählenden Nebeneinander stecken. Außerdem setzt er, wie viele nach ihm, die Akzente so, daß er im Avantgardismus um 1910 die hauptsächliche Bedeutung jener Jahre sieht. – Rein dichtungsgeschichtlich verfahren die von Curt Hohoff besorgte, entnazifizierte Neuauflage der Soergelschen Literaturgeschichte, die ‚Annalen der deutschen Literatur' (darin: ‚Der Weg ins 20. Jahrhundert' von Hans Schwerte) und die ‚Deutsche Literaturgeschichte in Grundzügen' von Bruno Boesch, letztere immerhin mit einem selbständigen Kapitel unter der Überschrift: ‚Die Literatur unter der Weimarer Republik', verfaßt von Albert Bettex. Einhellig vertreten die drei Autoren die Auffassung von der Aushöhlung des Expressionismus gegen 1924 und der damit einsetzenden 'Neuen Sachlichkeit'.[13] Freilich wird dadurch diese Strömung zur epochemachenden Stilrichtung aufgewertet. Sicher ist das übertrieben. Zwar fassen wir in der neusachlichen Orientierung einen Grundzug des modernen Denkens, doch hat – im künstlerischen Bereich – Helmut Kreuzer mit Recht vom „Versickern" des „Begriffs nach 1930" gesprochen.[14] Man sollte die 'Neue Sachlichkeit' deshalb als eine typische Ausprägung der Weimarer Kultur, als eine der spezifischen Bewußtseinsformen festhalten, nicht jedoch sie zur Epochensignatur schlechthin machen.

Mehr ist nicht zu vermelden. Deswegen übernehme ich, voll zustimmend, einen Abschnitt aus dem sehr sorgfältig gearbeiteten ‚Forschungsbericht' von Lothar Köhn (‚Überwindung des Historismus. Zu Problemen einer Geschichte der deutschen Literatur zwischen 1918 und 1933', 2 Teile: DVJS 4/1974 und 1/1975) als eine Art Zwischenbilanz. Es heißt da: „Die bisher [...] genannten Arbeiten sind Wissenschaftsgeschichte. Sie können anregen, korrigieren, aber nicht die Basis eines Konzepts liefern, das dem gegenwärtigen Stand der Forschung und der Methodenreflexion Rechnung zu tragen sich bemüht. Eine solche Basis kann es gerade für die Zwanziger Jahre nur dort geben, wo Literatur in das realhistorische Geschehen eingebettet [...] wird. Das bedeutet zunächst nichts anderes als Wirklichkeitsbezug und Funktionsanspruch dieser Literatur selbst ernst zu nehmen. In den letzten [...] Jahren mit erheblichem Material erweiterte Ansätze dazu hat die DDR-Germanistik und die neueste, z. T. ebenfalls marxistische Literaturwissenschaft im Westen vorgelegt."[15] Als Stichjahr für den von Köhn konstatierten Umschlag kann die Zeit um 1970 gelten.

Getrennt nach Beiträgen aus der DDR und der Bundesrepublik seien hier, in chronologischer Abfolge, die wesentlichen Untersuchungen aufgezählt:

Deutsche Demokratische Republik
Hans Kaufmann: Krisen und Wandlungen der deutschen Literatur von Wedekind bis Feuchtwanger (1969; ³1976; als Vorlesung 1964).
Irmfried Hiebel (Hrsg.): Literatur der Arbeiterklasse. Aufsätze über die Herausbildung der deutschen sozialistischen Literatur (1918–1933) (1971).
Alfred Klein: Im Auftrag ihrer Klasse. Weg und Leistung der deutschen Arbeiterschriftsteller 1918–1933 (1972).
Hans Kaufmann, Dieter Schiller u. a.: Geschichte der deutschen Literatur 1917 bis 1945 (Band 10 der ‚Geschichte der deutschen Literatur'; 1973).
Klaus Kändler: Drama und Klassenkampf. Beziehungen zwischen Epochenproblematik und dramatischem Konflikt in der sozialistischen Dramatik der Weimarer Republik (1974).

---

(13) Soergel, Albert/Hohoff, Curt: Dichtung und Dichter der Zeit. 2 Bde. Düsseldorf 1961–1963; Burger, Heinz Otto (Hrsg.): Annalen der deutschen Literatur. Geschichte der deutschen Literatur von den Anfängen bis zur Gegenwart. Stuttgart ²1971; Bettex, Albert: Die moderne Literatur; in: Deutsche Literatur in Grundzügen. Die Epochen deutscher Dichtung. Hrsg. v. Bruno Boesch. Bern ²1961, S. 373 ff.
(14) Kreuzer, Helmut: Zur Periodisierung der 'modernen' deutschen Literatur; in: H. K.: Veränderungen des Literaturbegriffs (= VR 1398). Göttingen 1975, S. 41–63 (Zitat: S. 55).
(15) Köhn (Anm. 11), S. 721.

Alfred Klein: Wirklichkeitsbesessene Literatur. Zur Geschichte der deutschen sozialistischen Literatur (1977).
Manfred Nössig u. a.: Literaturdebatten in der Weimarer Republik. Zur Entwicklung des marxistischen Denkens 1918–1933 (1980).

Bundesrepublik Deutschland
Reinhold Grimm, Jost Hermand (Hrsg.): Die sogenannten Zwanziger Jahre (1970).
Helmut Lethen: Neue Sachlichkeit 1924–1932. Studien zur Literatur des 'Weißen Sozialismus' (1970).
Wolfgang Rothe (Hrsg.): Die deutsche Literatur in der Weimarer Republik (1974).
Karl Prümm: Die Literatur des Soldatischen Nationalismus der 20er Jahre (1918–1933) (1974).
Walter Fähnders, Martin Rector: Linksradikalismus und Literatur. Untersuchungen zur Geschichte der sozialistischen Literatur in der Weimarer Republik (1974).
Lothar Köhn: Forschungsbericht DVJS (1974/75).
Tendenzen der Zwanziger Jahre (Berliner Ausstellung, 1977).
Jost Hermand, Frank Trommler: Die Kultur der Weimarer Republik (1978).
John Willett: Explosion der Mitte. Kunst und Politik 1917–1933 (englische Fassung: 1978; 1981).
Walter Fähnders u. a.: Literatur in der Weimarer Republik; in: Sozialgeschichte der deutschen Literatur von 1918 bis zur Gegenwart (1981).
Dieter Mayer: Linksbürgerliches Denken. Untersuchungen zur Kunsttheorie, Gesellschaftsauffassung und Kulturpolitik in der Weimarer Republik 1919–1924 (1981).
Thomas Koebner (Hrsg.): Weimars Ende. Prognosen und Diagnosen in der deutschen Literatur und politischen Publizistik 1930–1933 (1982).
Stephan Reinhardt (Hrsg.): Lesebuch Weimarer Republik. Deutsche Schriftsteller und ihr Staat von 1918 bis 1933 (1982).
Alexander von Bormann und Horst Albert Glaser (Hrsg.): Deutsche Literatur. Eine Sozialgeschichte, Bd. 9: Weimarer Republik – Drittes Reich: Avantgardismus, Parteilichkeit, Exil. 1918–1945 (1983).
Anton Kaes (Hrsg.): Weimarer Republik. Manifeste und Dokumente zur deutschen Literatur 1918–1933 (1983).
Peter Sloterdijk: Das Weimarer Symptom. Bewußtseinsmodelle der deutschen Moderne; in: P. S.: Kritik der zynischen Vernunft, Bd. 2 (1983).
Hagen Schulze: Weimar. Deutschland 1917–1933 (= Die Deutschen und ihre Nation, Bd. 5) (1983).

Das Ensemble dieser Titel ergibt einen sinnvollen Handapparat für eine gründliche Einarbeitung in den Epochenzusammenhang. Hingegen ist eher abzuraten von zwei Darstellungen, deren Titel gewisse Erwartungen wecken, die jedoch als einführende (und erst recht als systematische) Informationsquelle ungeeignet sind: Walter Laqueurs Buch (‚Weimar. Die Kultur der Republik', 1976; englische Fassung: 1974) enthält eine Fülle unrichtiger Hinweise und verzichtet überdies auf historische und soziale Herleitungen der beschriebenen kulturellen Phänomene; das von Keith Bullivant herausgegebene Sammelwerk über ‚Das literarische Leben in der Weimarer Republik' (1978) ist reiner Etikettenschwindel, weil der Literaturbetrieb der zwanziger Jahre weder soziologisch noch ökonomisch untersucht wird, und auch das politische Spektrum von Literaturproduktion, -distribution und -rezeption ohne Erhellung bleibt (ganz zu schweigen von der Verlags- und Sortimenterstruktur, von Buchgemeinschaften, Leseringen, Autorenverbänden, Medieneinflüssen, Literaturpreisen usw.).

Versucht man eine Auswertung des bisherigen Forschungsertrags, ist dreierlei festzustellen:

1. Es gibt keine brauchbare Geschichte der Literatur in der Weimarer Republik. Bei den Darstellungen, die diesem Anspruch noch am ehesten nachkommen (Kaufmann/Schiller u. a., Hermand/Trommler, v. Bormann/Glaser), fehlen leider entweder die gerade für den fraglichen Zeitraum so entscheidenden Bestimmungen der ästhetischen Programme (so daß die skizzierten Werkzusammenhänge weitgehend auf Inhaltsstrukturen reduziert sind), oder aber fehlt ihnen – wie bei v. Bormann/Glaser – die gebotene Systematik.

2. Es gibt ansprechende, zum Teil sogar vorzügliche Untersuchungen einzelner Bereiche des damaligen Literaturgeschehens, insbesondere etwa die Arbeiten von Lethen (allerdings mit dem Mangel zweifelhafter Wertungskriterien und einer deutlichen Überbewertung der 'Neuen Sachlichkeit'), Prümm (freilich zu sehr auf einzelne Interpretationsmodelle zugeschnitten), Fähnders/ Rector (unter einer absurden Überbewertung der proletarischen Literatur leidend), sodann die mustergültige Analyse von Dieter Mayer (leider mit der Zeitgrenze 1924). Wer ein Spektrum der Weimarer Schriftsteller von den völkisch-nationalen Autoren über bürgerlich-liberale bis zu radikaldemokratischen, sozialistischen und kommunistischen sucht, muß – auf der Grundlage der verschiedenen Teiluntersuchungen – selber ein Gesamtbild entwickeln.

3. Die besten Leistungen sind Einzeluntersuchungen zu Autoren oder Werken oder auch zu gattungspoetischen Aspekten, neuerdings ebenfalls zu den „reflexiv zynischen Strukturen" der Weimarer Jahre in Peter Sloterdijks faszinierendem Durchgang durch den „Zynismus im Weltprozeß" mit den zwanziger Jahren als dem „historischen Hauptstück".

Als positives Resultat all dieser Bemühungen kann festgehalten werden: Die lang anhaltende Ausklammerung der Weimarer Kultur aus dem allgemeinen Bewußtsein in der Adenauerzeit ist überwunden. Nachdem man sich in den sechziger Jahren zunächst noch nostalgisch an das Schlagwort von den 'Goldenen zwanziger Jahren' hielt und damit einer politischen Neutralisierung unserer kulturellen Moderne vorzuarbeiten gedachte, kam im zurückliegenden Jahrzehnt die systematische Erfassung des ästhetischen Repertoires jener Zeit voll in Gang. Inzwischen sind die Epochenstrukturen ermittelt, die künstlerischen Kristallisationen bestimmt. Endlich darf man sagen: Die Weimarer Literatur ist als eigenständige Epoche unserer Literaturgeschichte erkannt und für die Zukunft gesichert. Mit dieser Profilierung und Festigung des Epochenbilds hängt es zusammen, daß nunmehr auch eine Zuordnung zur internationalen künstlerischen Moderne vorgenommen werden kann.

An noch offenen Problemen ist dennoch kein Mangel. Es seien hier wenigstens zwei Fragen erwähnt, weil sie mir für die Gesamtbeurteilung der Weimarer Literatur besonders wesentlich zu sein scheinen.

a. Das Problem der zeitlichen Abgrenzung

Das Jahr 1918 ist als Eckdatum umstritten. Drei Argumente werden geltend gemacht. Wie erwähnt, liegen die ästhetischen Umbrüche zeitlich früher, so daß sich eine Epochenzäsur mit dem Ende des Zweiten deutschen Reiches dem literaturhistorischen Betrachter nicht unbedingt aufdrängt. Da sich überdies der Expressionismus zeitlich bis fast in die Mitte der zwanziger Jahre hinein erstreckt, spricht manches dafür, in den Weimarer Jahren eine bloße Übergangsperiode zu sehen. Schließlich mißt die DDR-Germanistik nach sowjetischem Muster der Oktoberrevolution das größere historische Gewicht gegenüber dem Ende des Ersten Weltkriegs bei und macht deswegen das Jahr 1917 zum Auftakt des Neuen. Gewiß sind das bedenkenswerte Sachverhalte. Doch muß man sich hierbei auch darüber im klaren sein, daß in den ersten beiden Fällen ein – ohnehin diffuser – Kunststil als Epochenmerkmal herhalten muß, und im dritten Fall ein außerdeutsches historisches Ereignis zum Epochenkriterium gemacht wird. Das eine ist historisch so fragwürdig wie das andere (man denke nur an das Phänomen der 'Gleichzeitigkeit des Ungleichzeitigen' oder an die Problematik einer Epochenabgrenzung mit dem Jahr 1789!). – Darum erscheint es eher sinnvoll, das Ende des Kaiserreiches, besser gesagt: den Anfang der Republik, und die daraus resultierenden neuen Bedingungen ästhetischer Produktion zum Ausgangspunkt zu machen. Im erwähnten Funktionswechsel der Literatur liegt mithin das eigentliche Gewicht. Natürlich kann es dabei keinem Zweifel unterliegen, daß nicht wenige Entwicklungen der Zeit davor einfach weiterlaufen. Zäsuren im literarhistorischen Prozeß sind ohnedies nicht frei von Willkür, mit Sicherheit aber keine absoluten Größen. Nicht einmal die Leute, die das historische Gras wachsen hören, haben eine befriedigende Antwort darauf gefunden.

Ähnlich umstritten ist das Jahr 1933 als Datum des Endes. In erster Linie verweist man darauf, der häufig beschworene Bruch mit der Vorgeschichte sei in doppelter Hinsicht diskutabel. Einmal habe das Dritte Reich seine Vorgeschichte in der Zeit seit dem Versailler Diktatfrieden, und das gelte auch für die Literatur; insbesondere die sogenannte 'Berauschungswelle' seit 1928 mache das evident. Zum anderen wird die Kontinuität vieler konkreter Werkabläufe ins Feld geführt, die den politischen Einschnitt der Machtergreifung Hitlers kaum oder gar nicht spürbar werden lassen (wie etwa bei Benn, Musil oder den von Hans Dieter Schäfer wiederholt herausgestellten Autoren Eich, Huchel, Koeppen, Horst Lange, Elisabeth Langgässer, zuletzt in dem lesenswerten Buch: ‚Das gespaltene Bewußtsein. Deutsche Kultur und Lebenswirklichkeit 1933–1945'; 1981). Nun ist in der Tat die Annahme eines völligen Bruchs äußerst problematisch. Indes gilt hier — angesichts der Exilliteratur, die mit dem Reichstagsbrand und der Bücherverbrennung einsetzte –, daß innerhalb der deutschen Grenzen der traditionelle Kulturbegriff zwangsweise außer Kraft gesetzt war. So überraschend und zum Teil sogar zwiespältig manche Übereinstimmungen zwischen Exilliteratur und den nicht angepaßten Teilen der in Deutschland geschriebenen Literatur auch sein mögen, ausschlaggebend müßten die gewaltsam geschaffenen Tatsachen sein, die einer Austreibung der Kultur gleichkamen. Das frühe Einsetzen oder die Fortdauer bestimmter Entwicklungen verdienen gewiß größte Aufmerksamkeit; entscheidend bleibt jedoch das radikale qualitative Umkippen der deutschen Kulturszenerie in ästhetischer und humaner Hinsicht.

b. Das Problem der Akzentuierung

Dieser Fragenkomplex steht in Verbindung mit der Existenz anderer Einteilungskategorien wie 'Expressionismus' (bis etwa 1924) und 'Neue Sachlichkeit' oder mit der erwähnten Herausbildung einer proletarisch-revolutionären Literatur. Ganz offensichtlich gibt es einen Umschlag vom ekstatischen 'Oh-Mensch-Gedicht' zur nüchternen, teils keß untertreibenden, teils zynisch zugespitzten Lyrik, vom pathetisch-visionären Roman zum kühl registrierenden Stationen- und Montageroman, vom Passionsdrama zum kritischen Volksstück oder zum Lehrstück. Allerdings sind die Formen, von denen man sich absetzt, weithin schon innerhalb der expressionistischen Entwicklung aufgegeben worden. Denn auch der Expressionismus hat sich in Richtung auf eine Funktionalisierung der Kunst gewandelt, mithin im Sinne einer Simultanerfahrung des Wirklichen. Die prägenden und zugleich haltbaren Leistungen der Weimarer Literatur verdanken sich allesamt einer hohen Reflexivität. Sie reicht weit hinaus über die begrenzte neusachliche Wirklichkeitsperzeption. Allein schon deswegen sollte man darauf verzichten, aus der 'Neuen Sachlichkeit' einen Epochenbegriff zu machen. Ohnehin steht dem die Vielfalt des literarischen Lebens um den neusachlichen Bereich herum entschieden entgegen. – Aus den gleichen Gründen ist es ausgeschlossen, den Akzent einseitig auf die proletarisch-revolutionäre Literatur zu legen, wie das die parteilichen Apologeten zu tun pflegen.
Trotz solcher Bedenken gibt es Möglichkeiten einer internen Periodisierung der Weimarer Literatur. Sie entspricht weithin der politischen Entwicklung in drei Phasen (1918–1923/24, 1924–1928/29, 1929–1933). In voller Kenntnis des Faktums, daß es selbstredend Werkabläufe gibt, die sich derartiger Zuordnung widersetzen, weil sie ihre eigene Kontinuität haben, läßt sich für die Mehrheit der damaligen Literatur dieses dreiphasige Einteilungsschema als Orientierungsmuster mehr oder weniger deutlich ausmachen. So gehören zum ersten Abschnitt die erwähnten Veränderungen der expressionistischen Literatur in ihrer Schlußphase ebenso wie die zynischen Stücke und Gedichte des jungen Brecht. Dem zweiten Abschnitt mit seiner vorübergehenden Stabilisierung entsprechen die großen romanesken Epochenbilanzen (Thomas Mann, Hesse u. a.), auch die typischerweise zu diesem Zeitpunkt entstehenden Großstadtromane oder Brechts Entwicklung nach der marxistischen Konversion. Besonders auffallend ist die Radikalisierung der Literatur im dritten Abschnitt. Sie geht einher mit der Zerstörung der Republik und führt zur Ausbildung isolierter, einander bekämpfender Denksysteme. Völlig verzerrt in der Primitivisierung des nationalen Rausches der 'Blut-und-Boden-Barden', aber auch in den intellektuellen Biologismen Jüngers und sogar Benns, präfigurieren sich die Verzerrungen des Dritten Reiches. Entfremdung und Entpersönlichung kennzeichnen die gesellschaftskritischen Diagnosen der kleinbürgerlichen Biedermann-Kultur. Sie kulminiert, mit Sloterdijk zu sprechen,

in jenem „gallertartigen Realismus", dem „keine Kritik gewachsen" ist.[16] Amerikanismus und Sowjethoffnung beschreiben die absurden Leitbilder des auch heute noch aktuellen west-östlichen Dilemmas. Seitdem treibt die aus dem traditionellen Wertgefüge entlassene Massengesellschaft hilflos dahin zwischen der Scylla manipulierter Konsumexistenzen und der Charybdis einer sich ständig selbst dementierenden Diktatur über das Proletariat. Wen wundert es, daß zwischen den ungeniert auftrumpfenden Macht- und Herrschaftsbewegungen der Freiraum republikanischer Vernunft immer mehr zusammenschrumpfte? Die Verlautbarungen demokratisch Gesinnter wie Heinrich und Thomas Mann, Ossietzky, Toller und Tucholsky gingen unter im Geschrei der börsengrauen, der roten, vor allem aber der braunen 'Volksbeglücker'. – Literarische Belege gibt es für alle Denkrichtungen. Man muß Stephan Reinhardt zustimmen, wenn er feststellt: „Die Haltung der Schriftsteller zu Politik und Staat ist in der Zeit von 1918 bis 1933 weitaus uneinheitlicher als in der Bundesrepublik heute." [17]

Wie jede historische Phase der Literaturentwicklung zeigt die Geschichte der Weimarer Literatur ein spezifisches Zeitbewußtsein. In der auktorialen Vermittlung wird uns die Geschichtlichkeit jener Jahre konkret zugänglich. Auch hier gilt, was Uwe Johnson im Hinblick auf Fontane anmerkte: „[...] wenn wir wissen wollen, was unsere Vorgeschichte in den letzten vierzig Jahren des 19. Jahrhunderts ist, dann werden wir eben nicht mehr vordringlich zu Bismarck greifen oder zu Bülows oder zu Caprivis oder zu Bethmann-Hollwegs Erinnerungen, wir werden Fontane lesen und da werden wir ein Bild der Gesellschaft bekommen, wo die konkreten Einzelheiten und das Verhalten der Personen uns viel mehr überzeugen. Und das wird dann allmählich unser 19. Jahrhundert werden. Dadurch ist dann die Literatur eine Macht." [18] Lesen wir also, auf unseren Zusammenhang übertragen, Döblin, Kästner, Horváth, Brecht, Tucholsky und Toller, „wenn wir wissen wollen, was unsere Vorgeschichte" in den Jahren zwischen 1918 und 1933 ist. Über die sozial-historische Epochenkenntnis hinaus müßten allerdings für das Verständnis der Weimarer Literatur in ihrer Epochenstruktur drei Punkte einbezogen werden (insbesondere etwa für die Vermittlung in einem Leistungskurs Sek. II). Diese Zielpunkte bestehen aus den drei Fragen: Wie schreibt man? Was schreibt man? Warum schreibt man? – Konkret ist dabei folgendes gemeint:

1. muß die Funktionalisierung der Ästhetik bewußt gemacht werden (Beispiele: Wirkungsabsicht und Rolle des Publikums im epischen Theater Brechts, literarische Montage in Absetzung von einem traditionellen Beschreibungstext,

---

(16) Sloterdijk, Peter: Kritik der zynischen Vernunft, 2. Bd. (= es 1099). Frankfurt/M. 1983, S. 701. Sloterdijk bezieht seine Formulierung nicht direkt auf die Weimarer Strukturen, sondern auf unsere aktuelle Situation; doch trifft seine Charakterisierung auch schon die kleinbürgerliche Bewußtseinslage der zwanziger Jahre.
(17) Reinhardt, Stephan (Hrsg.): Lesebuch: Weimarer Republik. Deutsche Schriftsteller und ihr Staat von 1918 bis 1933. Berlin 1982, S. 253 (Nachbemerkung).
(18) Johnson, Uwe: [Dieser langsame Weg zu einer größeren Genauigkeit]; in: Durzak, Manfred: Gespräche über den Roman. Formbestimmungen und Analysen (= st 318). Frankfurt/M. 1976, S. 428 ff. (Zitat: S. 435).

Gegenüberstellung eines Gedichts von Rilke und Benn oder eines Expressionisten und Brecht, funkische und filmische Umsetzung von Literatur).
2. müssen thematische Schwerpunkte herausgearbeitet werden, um wenigstens ein andeutend-stellvertretendes Bild von der Realität der Weimarer Republik zu vermitteln. Hierzu sind die folgenden Themenbereiche unerläßlich: Gefahr des Faschismus, republikanische Vernunft, Klassenkampfperspektive. Ganz besonders aber ist die Welt des Kleinbürgers herauszustellen (Beispiele dazu in: ‚Lesebuch: Weimarer Republik. Deutsche Schriftsteller und ihr Staat von 1918 bis 1933', herausgegeben von Stephan Reinhardt; ‚Literarisches Leben in der Weimarer Republik', herausgegeben von Jost Hermand; Tollers Drama ‚Hoppla, wir leben!' und die Volksstücke Horváths illustrieren m. E. am besten die komplexen Sozialstrukturen und die davon herzuleitenden Probleme).
3. schließlich sind die Weimarer Jahre zu verdeutlichen als Phase einer ersten Breitenwirkung der modernen Identitätskrise im Zeichen von Entfremdung und Verdinglichung. Weit mehr als zuvor wird der Alltag durch diese Entwicklung zum sozialen Konfliktrahmen (Beispiele: Erzählungen Kafkas, Großstadtromane von Döblin, Fallada, Kästner oder Irmgard Keun, Gedichte Brechts: ‚Aus einem Lesebuch für Städtebewohner').
Einer konzentrierten Behandlung steht nichts im Wege. Es gibt genügend Texte, in denen etwas vom Geist oder Ungeist der ganzen Epoche erkennbar wird. – Für uns ist die Auseinandersetzung mit dem spezifischen Erscheinungsbild der zwanziger Jahre deshalb vordringlich, weil sie die breiteste Vergleichsebene abgibt für unsere Gegenwartssituation. Wir tun gut daran, die Weimarer Literatur als Aufgabe zu verstehen für die Herausforderungen, unter deren Druck wir leben, genauer: zu leben versuchen. Die Revision mit Hilfe dieser eingreifenden ästhetischen Konstruktionen kann uns den Blick schärfen für die Widersprüche unserer Lage und so etwas auslösen, was uns am meisten not tut: kritische Vernunft.

Nachtrag

Inzwischen ist der Abschlußband der von Žmegač im Athenäum-Verlag herausgegebenen Literaturgeschichte erschienen:[19]
Für die Kapitel über „Die Epoche der Weimarer Republik" ist Dieter Mayer als Bearbeiter zu nennen. Zusammen mit Hermann Kurzke (Thomas Mann, Musil) und Heidrun Ehrke-Rotermund (Kriegsroman und Anti-Kriegsroman) hat er auf 185 Seiten den Übergang des Literaturgeschehens ins Medienzeitalter in den Mittelpunkt seiner Darstellung gerückt („Literarische Kultur im Medienzeitalter"). So sehr daran Grundsätzliches zu bemängeln ist (unproportionierte Gewichtung: zum Beispiel die Überbetonung von Gerhart Hauptmann und Thomas Mann gegenüber den eigentlich ästhetisch avancierten Kräften oder die geradezu absurde Gegenüberstellung von Loerke (!) und Benn; Unübersichtlichkeit der Darstellung, mangelhaftes Register), so

---

(19) Žmegač, Viktor (Hrsg.): Geschichte der deutschen Literatur vom 18. Jahrhundert bis zur Gegenwart (= Athenäum Taschenbücher 2178), Bd. III/1: 1918–1945. Königstein/Ts. 1945.

deutlich muß andererseits betont werden, daß Mayer auf dem schwierigen Weg zu der noch zu schreibenden Literaturgeschichte der Weimarer Jahre bisher am weitesten vorangekommen ist. Bedauerlich bleibt allerdings die äußerst unbefriedigende Anordnung des zusammengetragenen Informationsmaterials. Man mag die Abkehr von der personenbezogenen Darstellung noch schlucken; daß aber auch die Gattungszusammenhänge preisgegeben werden, erschwert dem Leser die Arbeit unnötig. Wer sich etwa über die Romane der zwanziger Jahre informieren will, muß mindestens sechs völlig getrennte Kapitel durcharbeiten, um sich einigermaßen zurechtzufinden. Noch schlimmer ist die Aufsplitterung der Ausführungen zu Drama und Theater. Wer gar nach Auskünften über Brechts Lyrik sucht, muß das mühsam aus dem Kapitel zu „Literaturpolitik und literarische Praxis seit der Mitte der zwanziger Jahre" herausfinden. Die Unverwechselbarkeit der individuellen literarischen Leistung, die ja auch aus einer Literaturgeschichte hervorgehen sollte, verliert man so fast ganz aus dem Auge.

IV. Wichtige Publikationen und schriftstellerische Aktivitäten zwischen 1918 und 1933 zusammengestellt von Ursula Kapitza

Abkürzungsverzeichnis

Abhdlg.	Abhandlung
Beschr.	Beschreibung
Betr.	Betrachtung
Biogr.	Biographie
Bühnenst.	Bühnenstück
Dicht.	Dichtung
Dok.	Dokumentation
Dr.	Drama
Ep.	Epos
Erinn.	Erinnerungsbericht
Erz.	Erzählung bzw. Erzählband
Frgm.	Fragment
Ged.	Gedicht bzw. Gedichtband
Gesch.	Geschichte
Kom.	Komödie
Kr.	Kritik
Kult.-Phil.	kulturphilosophische Schrift
Lit.-Wiss.	literaturwissenschaftliche Abhandlung
Lsp.	Lustspiel
Lyr.	Lyrik
Monogr.	Monographie
Nov.	Novelle
Päd.	pädagogische Schrift
Phil.	philosophische Schrift
Pr.	Predigt
Psych.	psychologische Abhandlung
Rom.	Roman
Sat.	Satire
Schsp.	Schauspiel
Soz.	sozialwissenschaftliche Abhandlung
Theol.	theologische Schrift
Tr.	Tragödie
Vortr.	Vortrag
Wiss.-Th.	wissenschaftstheoretische Schrift

1918

Goering, Reinhard: Seeschlacht (Dr.)
Heynicke, Kurt: Gottes Geigen (Ged.)
Hoddis, Jakob von: Weltende (Ged.)
Mann, Thomas: Betrachtungen eines Unpolitischen
Morgenstern, Christian: Stufen (Aphorismen und Tagebuchnotizen, posthum)
Schaeffer, Albrecht: Gudula (Erz.)

Csokor, Franz Theodor: Die rote Straße (Dr.)
Dehmel, Richard: Warnruf. Eine Kundgebung deutscher Dichter
Grimm, Hans: Der Ölsucher von Duada (Kriegstagebuch)
Kasack, Hermann: Der Mensch (Ged.)
Mann, Heinrich: Der Untertan (Rom.)
Otten, Karl: Die Thronerhebung des Herzens (Ged.)
Schnitzler, Arthur: Casanovas Heimfahrt (Nov.)
Seidel, Ina: Weltinnigkeit (Ged.)
Stehr, Hermann: Der Heiligenhof (Rom.)
Stucken, Eduard: Die weißen Götter (Rom. bis 1922)

Zeitschriften
‚Die Rettung' (Gütersloh)

1919

Becher, Johann Robert: An alle! (Ged.)
Bloch, Ernst: Über das noch nicht bewußte Wissen (Phil.)
Cassirer, Ernst: Das Erkenntnisproblem in der Philosophie und Wissenschaft der neueren Zeit (Phil.)
Curtius, Ernst Robert: Die literarischen Wegbereiter des neuen Frankreich (Lit.-Wiss.)
Dehmel, Richard: Zwischen Volk und Menschheit (Kriegstageb.)
Ehrenstein, Albert: Bericht aus einem Tollhaus (Erz.)
Ernst, Paul: Der Zusammenbruch des Idealismus (Essays)
Herrmann-Neiße, Max: Joseph der Sieger (Dr.)
Hofmannsthal, Hugo von: Die Frau ohne Schatten (Erz.)
Huch, Ricarda: Der Sinn der Heiligen Schrift (Theol.)
Jahnn, Hans Henny: Pastor Ephraim Magnus (Dr.)
Jaspers, Carl: Psychologie der Weltanschauungen (Phil.)
Kafka, Franz: Ein Landarzt (Erz.)
　In der Strafkolonie (Erz.)
Kaiser, Georg: Brand im Opernhaus (Schsp.)
　Hölle, Weg, Erde (Schsp.)
Keyserling, Hermann von: Das Reisebuch eines Philosophen
Klabund: Die gedichtete Welt (Ged.)
Kokoschka, Oskar: Mörder, Hoffnung der Frauen (Dr.)
　Orpheus und Eurydike (Dr.)
Kraus, Karl: Die letzten Tage der Menschheit (Dr.)
Lessing, Theodor: Geschichte als Sinngebung des Sinnlosen (Phil.)
Mann, Heinrich: Macht und Mensch (Betr.)
Mann, Thomas: Herr und Hund (Nov.)

Mayer, Paul: Die Erweckung (Nov.)
Morgenstern, Christian: Der Gingganz (Ged., posthum)
Paquet, Alfons: Der Geist der russischen Revolution (Dicht.)
Presber, Rudolf: Mein Bruder Benjamin (Rom.)
Rubiner, Ludwig: Die Gewaltlosen (Dr.)
Schaeffer, Albrecht: Elli oder Sieben Treppen (Rom.)
Schnitzler, Arthur: Die Schwestern oder Casanova in Spa (Nov.)
Schwitters, Kurt: Anna Blume (Ged.)
Simmel, Georg: Der Konflikt der modernen Kultur (Phil.)
Steiner, Rudolf: Die Kernpunkte der sozialen Frage (Soz.-Phil.)
Thoma, Hans: Im Winter des Lebens (Erinn.)
Toller, Ernst: Die Wandlung (Dr.)
Wassermann, Jakob: Christian Wahnschaffe (Rom.)
Weber, Max: Wissenschaft als Beruf (Soz.)
   Politik als Beruf (Soz.)
Weismantel, Leo: Die Reiter der Apokalypse (Dr.)
Weiß, Ernst: Mensch gegen Mensch (Rom.)
Werfel, Franz: Der Gerichtstag (Dr.)
Wolzogen, Ernst von: Harte Worte (Betr.)
Zech, Paul: Das Grab der Welt (Pr.)
Zweig, Stefan: Jeremias (Schsp.)

Zeitschriften
'Die Pleite' (Berlin)
'Proletkult' (Berlin, eine Nummer)
'Der Dada 1'

Frank Wedekind gest. (geb. 1864)

Leopold Jeßner Intendant der Preußischen Staatstheater Berlin
Friedrich Kayser Direktor der Berliner Volksbühne
Max Reinhardt eröffnet sein Großes Schauspielhaus (Berlin)
Carl v. Ossietzky gründet die Deutsche Friedensgesellschaft
Theaterzensur aufgehoben
Kabarett 'Schall und Rauch'

1920

Adler, Alfred: Praxis und Theorie der Individualpsychologie
Barlach, Ernst: Die echten Sedemunds (Dr.)
Barthel, Max: Arbeiterseele (Ged.)
Becher, Johann Robert: Ewig im Aufruhr (Ged.)
Borchardt, Rudolf: Die halbgerettete Seele (ep. Dicht.)
Bronnen, Arnolt: Vatermord (Schsp.)
Edschmid, Kasimir: Die doppelköpfige Nymphe (Lit.-Kritik)
   Die achatnen Kugeln (Rom.)
Eggebrecht, Axel: Gedichte
Ernst, Paul: Komödiantengeschichten
   Spitzbubengeschichten
Goetz, Curt: Menagerie (Einakterzyklus)
Gundolf, Friedrich: George (Biogr.)

Haringer, Jakob: Abendbergwerk (Lyr.)
Hasenclever, Walter: Jenseits (Dr.)
Johst, Hanns: Der König (Dr.)
Jünger, Ernst: In Stahlgewittern (Rom.)
Kahlert, Erich von: Der Beruf der Wissenschaft (Wiss.-Th.)
Kaiser, Georg: Gas (Dr.)
Kastein, Josef: Logos und Pan (Ged.)
Kerr, Alfred: Gesammelte Schriften, Bd. 2: Die Welt im Licht
Keyserling, Hermann von: Philosophie als Kunst (Phil.)
Klabund: Dreiklang (Ged.)
Landauer, Gustav: Shakespeare (Vortr.)
Lucács, Georg: Die Theorie des Romans (Lit.-Wiss.)
Mayer, Paul: Vox humana (Ged.)
Mühsam, Erich: Brennende Erde (Ged.)
Otten, Karl: Lona (Rom.)
Paul, Hermann: Deutsche Grammatik
Pinthus, Kurt (Hrsg.): Menschheitsdämmerung. Symphonie jüngster Dichtung (Dok.)
Ringelnatz, Joachim: Turngedichte
Schaeffer, Albrecht: Helianth (Rom., 3 Bde. bis 1924)
   Der göttliche Dulder (Ep.)
Schmidtbonn, Wilhelm: Der Geschlagene (Dr.)
Sommer, Ernst: Der Aufruhr (Nov.)
Spengler, Oswald: Preußentum und Sozialismus (Kult.-Phil.)
Tucholsky, Kurt: Träumereien an preußischen Kaminen (Sat.)
Victor, Walther: Neuer Frühling (Ged.)
Wassermann, Jakob: Wendekreis (Rom., 4 Bde. bis 1924)
Weiß, Ernst: Tanja (Dr.)
Werfel, Franz: Spiegelmensch, eine magische Trilogie (Bühnenst.)
Wildgans, Anton: Kain (myth. Ged.)
Zech, Paul: Golgatha (Ged.)
   Der Wald (Ged.)
   Das Terzett der Sterne (Ged.)
Zweig, Stefan: Romain Rolland (Monogr.)

Zeitschriften
‚Die Pleite' unterdrückt
‚Die Schammade' (eine Nummer, Köln)

Richard Dehmel gest. (geb. 1863)
Ludwig Ganghofer gest. (geb. 1855)
Max Weber gest. (geb. 1864)

Carl von Ossietzky Redakteur der Berliner ‚Volks-Zeitung' (bis 1922)
Erwin Piscators ‚Politisches Theater' in Berlin eröffnet
Fach Theaterwissenschaft an deutschen Universitäten
Verband der deutschen Volksbühnenvereine (Freie Volksbühne) gegründet

1921

Adler, Alfred: Menschenkenntnis (Psych.)
Brod, Max: Heidentum, Christentum, Judentum
Bühler, Charlotte: Das Seelenleben der Jugendlichen (Päd.)
Dehmel, Richard: Die Götterfamilie (Kom., posthum)
Diebold, Bernhard: Anarchie im Drama (Theater-Krit.)
Ernst, Paul: Erdachte Gespräche (Dialoge)
Frank, Bruno: Das Weib auf dem Tier (Dr.)
Frenssen, Gustav: Der Pastor von Poggsee (Rom.)
Goetz, Curt: Ingeborg (Kom.)
Gurk, Paul: Thomas Münzer (Dr.)
Hartmann, Nicolai: Grundzüge der Metaphysik der Erkenntnis (Phil.)
Hauptmann, Georg: Anna (ep. Idylle)
Herwig, Franz: Sankt Sebastian von Wedding (Rom.)
Heusler, Andreas: Nibelungensage und Nibelungenlied (Lit.-Wiss.)
Hofmannsthal, Hugo von: Der Schwierige (Lustsp.)
Huch, Ricarda: Entpersönlichung (Phil.)
Jacques, Norbert: Dr. Marbuse (Rom.)
Jahnn, Hans Henny: Die Krönung Richards III. (Tr.)
Jung, Carl Gustav (C. G.): Psychologische Typen (Psych.)
Kastein, Josef: Arbeiter (Dr.)
Kolb, Annette: Zarastro. Westliche Tage
Luckner, Felix von: Seeteufel. Abenteuer aus meinem Leben (Autobiogr.)
Merker, Paul: Neue Aufgaben der Literaturgeschichte (Lit.-Wiss.)
Molnár, Franz: Der Schwan (Dr.)
Mühsam, Erich: Judas (Dr.)
Musil, Robert: Die Schwärmer (Schsp.)
Scheler, Max: Vom Ewigen im Menschen (Soz.-Phil.)
   Religiöse Erneuerung (Soz.-Phil.)
Schlich, Carl Ludwig: Besonnte Vergangenheit (Autobiogr.)
Scholz, Wilhelm von: Aus dem Garten der Romantik (Lit.-Wiss.)
Schweitzer, Albert: Zwischen Wasser und Urwald
Serner, Walter: Zum blauen Affen (Kriminalgrotesken)
Thieß, Frank: Der Tod von Falern (Rom.)
Viertel, Berthold: Karl Kraus (Essay)
Wassermann, Jakob: Mein Weg als Deutscher und Jude (Autobiogr.)
Weber, Max: Gesammelte Aufsätze zur Religionssoziologie (posthum)

Zeitschriften
‚Der Gegner' (1920/21) druckt Brief der Novembergruppe [Dix, Grosz, Schichter u. a.])
‚Die Drei' (anthroposophische Monatsschrift)
‚Der Querschnitt' (lit. Zeitschrift)

Carl Hauptmann gest. (geb. 1858)

Piscators ‚Politisches Theater' schließt
Erich Weinert im Leipziger Kabarett ‚Die Retorte'
Trude Hesterberg eröffnet die ‚Wilde Bühne' (Berlin)
Stanislawski und das Moskauer Künstlertheater in Berlin

1922

Barlach, Ernst: Der Findling (Schsp.)
Brecht, Bertolt: Trommeln in der Nacht (Bühnenstück)
Bronnen, Arnolt: Die Exzesse (Lsp.)
Carnap, Rudolf: Der Raum (Erkenntnisth.)
Carossa, Hans: Eine Kindheit (Erz.)
Dehmel, Richard: Mein Leben (Autobiogr., posthum)
Freyer, Hans: Prometheus, Ideen zur Philosophie der Kultur
Goll, Yvan: Methusalem oder Der ewige Bürger (Dr.)
Günther, Hans: Rassenkunde des deutschen Volkes
Hauptmann, Gerhart: Phantom (Rom.)
Hesse, Hermann: Siddhartha (ind. Dicht.)
Hofmannsthal, Hugo von: Das Salzburger große Welttheater (Mysteriensp.)
Jünger, Ernst: Der Kampf als inneres Erlebnis (Phil.)
Keyserling, Hermann von: Schöpferische Erkenntnis (Erkenntnisth.)
    Politik, Wirtschaft, Weisheit (Erkenntnisth.)
Klabund: Das heiße Herz (Ged.)
Klages, Ludwig: Vom kosmogonischen Eros (Phil.)
Kurz, Isolde: Die Nächte von Fondi (Erz.)
Landauer, Gustav: Hölderlin in seinen Gedichten (Lit.-Wiss.)
Mann, Thomas: Die Bekenntnisse des Hochstaplers Felix Krull (Rom.-Fragm., 1. Fassung)
Mayer, Paul: Der Kreuzzug (Ged.)
Merker, Paul: Neuere deutsche Literaturgeschichte
Molo, Walter von: Das Volk wacht auf (Romantrilogie)
Schäfer, Wilhelm: Die dreizehn Bücher der deutschen Seele (Phil.)
Schnack, Friedrich: Vogel Zeitvorbei (Ged.)
Scholz, Wilhelm von: Zwischenreich (Erz.)
Spengler, Oswald: Der Untergang des Abendlandes (Kulturphil., 2 Bde.)
Sudermann, Hermann: Das Bilderbuch meiner Jugend (Autobiogr.)
Thieß, Frank: Die Verdammten (Rom.)
Toller, Ernst: Die Maschinenstürmer (Dr.)
Weber, Max: Religionssoziologie (Soz., posthum)
    Wissenschaftslehre (Soz., posthum)
Wegner, Armin Theophil: Das Geständnis (Rom.)
Wiechert, Ernst: Der Wald (Rom.)
Winckler, Josef: Der tolle Bomberg (Schelmenrom.)
Wittgenstein, Ludwig: Tractatus logico-philosophicus (Phil.)

Zeitschriften
‚Der Gegner' (letzte Nummer)

Heinrich George als Charakterschauspieler nach Berlin

1923

Barthel, Ernst: Lebensphilosophie (Phil.)
Berendsohn, Walter: Erdgebundene Sittlichkeit (Kulturphil.)
Bernhard, Georg: Wirtschaftsparlament (Wirtschaftsth.)
Blunck, Friedrich: Niederelbe (Rom.)
Burte, Hermann: Madlee (Ged.)
Däubler, Theodor: Sparta (Prosa)
Dehmel, Richard: Dehmel-Lieder (posthum)
   Der Vogel Wandelbar. Ein Märchen (posthum)
Edschmid, Kasimir: Das Bücher-Dekameron (Lit.-Kritik)
Freud, Sigmund: Das Ich und das Es (Psych.)
Grune, Karl: Die Straße (Dr.)
Gurian, Waldemar: Die deutsche Jugendbewegung (Abhdlg.)
Hofmannsthal, Hugo von: Florindo (Kom.)
Huch, Ricarda: Michael Bakunin (Biogr.)
Kaiser, Georg: Gilles und Jeanne (Bühnenstück)
   Nebeneinander (Volksstück)
Kayser, Rudolf: Die Zeit ohne Mythos (Essays)
Klabund: Pjotr (Rom.)
   Der letzte Kaiser (Erz.)
Mann, Heinrich: Diktatur der Vernunft (Betr.)
Mann, Thomas: Von deutscher Republik (Rede)
   Goethe und Tolstoi (Vortr.)
Mell, Max: Das Apostelspiel (Schsp.)
   Das Schutzengelspiel (Schsp.)
Merker, Paul: Der Verfasser des Eccius deolatus und andere pseudonyme Reformations-Dialoge (Lit.-Wiss.)
Moeller van den Bruck, Arthur: Das dritte Reich (Kulturphil.)
Paquet, Alfons: Fahnen (Dr.)
   Der Rhein, eine Reise (Beschr.)
Rilke, Rainer Maria: Duineser Elegien
   Die Sonette an Orpheus
Ringelnatz, Joachim: Kuttel Daddeldu (Ged.)
Salten, Felix: Bambi (Tierrom.)
Schäfer, Wilhelm: Der deutsche Gott (Phil.)
Schweitzer, Albert: Verfall und Wiederaufbau der Kultur (Kulturphil.)
Seidel, Ina: Sterne der Heimkehr (Rom.)
Toller, Ernst: Der entfesselte Wotan (Kom.)
Weinert, Erich: Der Gottesgnadenhecht und andere Abfälle (Ged.)
Werfel, Franz: Die Mittagsgöttin (Spiel)

Zeitschriften
‚Deutsche Vierteljahresschrift für Literaturwissenschaft und Geistesgeschichte'
‚Die schöne Literatur' (ab 1931: ‚Die neue Literatur')
‚Merz'
‚G' (Architekturzeitschrift)
‚Das Puppentheater'

Erich Weinert im Kabarett ‚Küka' (Berlin)
Theaterwissenschaftliches Institut an der Universität Berlin
Gastspiel des Moskauer Kammertheaters in Berlin

1924

Becher, Johannes Robert: Arbeiter, Bauern, Soldaten (Dr.)
Brecht, Bertolt/(Chr. Marlowe): Eduard II. (Stück)
Carossa, Hans: Rumänisches Tagebuch
Dehmel, Richard: Der kleine Held (Dichtung, posthum)
Döblin, Alfred: Berge, Meere und Giganten (Rom.)
Freud, Sigmund: Gesammelte Schriften (Psych.)
Friedenthal, Richard: Demeter (Lyr.)
Goetz, Curt: Die tote Tante (Lsp.)
Gundolf, Friedrich: Caesar. Geschichte seines Ruhms (Monogr.)
Holitscher, Arthur: Lebensgeschichte eines Rebellen (Erinner., 2 Bde. bis 1928)
Jahnn, Hans Henny: Der gestohlene Gott (Tr.)
Kafka, Franz: Ein Hungerkünstler (Erz.)
Kaiser, Georg: Kolportage (Tragikom.)
Kisch, Egon Erwin: Der rasende Reporter (Feuilletons)
Krüger, Felix: Der Strukturbegriff in der Psychologie
Langgässer, Elisabeth: Wendekreis des Lammes (Ged.)
Le Fort, Gertrud von: Hymnen an die Kirche (Lyr.)
Leisegang, Hans: Die Gnosis (Phil.)
Leonhard, Rudolf: Die Ewigkeit dieser Zeit (Ged.)
Mann, Heinrich: Abrechnungen (Nov.)
Mann, Thomas: Der Zauberberg (Rom.)
Meinecke, Friedrich: Idee der Staatsräson in der neueren Geschichte (Geschichtsphil.)
Meyer, Paul: Der getrübte Spiegel (Nov.)
Molnár, Franz: Der gläserne Pantoffel (Dr.)
Münchhausen, Börries Freiherr von: Balladenbuch
    Drei Idyllen
Muschler, Reinhold Conrad: Bianca Maria (Rom.)
Musil, Robert: Drei Frauen (Nov.)
    Vinzenz und die Freundin bedeutender Männer (Posse)
Paquet, Alfons: Markolph (Spiel)
Rehfisch, Hans J.: Wer weint um Juckenack? (Tragikom.)
Rickert, Heinrich: Kant als Philosoph der modernen Kultur (Phil.)
Ringelnatz, Joachim: Geheimes Kinderspielbuch (Ged.)
Scheler, Max: Schriften zur Soziologie und Weltanschauungslehre (3 Bde.)
Schnitzler, Arthur: Komödie der Verführung (Schsp.)
    Fräulein Else (Nov.)
Scholz, Wilhelm von: Die gläserne Frau (Schsp.)
Schweitzer, Albert: Kultur und Ethik
Sommer, Ernst: Der Fall des Bezirksrichters Fröhlich (Nov.)
Spranger, Eduard: Psychologie des Jugendalters
Thieß, Frank: Der Leibhaftige (Rom.)
Toller, Ernst: Das Schwalbenbuch (Ged.)
Weber, Max: Gesammelte Aufsätze zur Soziologie und Sozialpolitik (posthum)
    Gesammelte Aufsätze zur Sozial- und Wirtschaftsgeschichte (posthum)
Werfel, Franz: Juarez und Maximilian (Dr.)
    Verdi (Rom.)
Wiechert, Ernst: Der Totenwolf (Rom.)

Zeitschriften
‚AIZ' (Arbeiter Internationale Zeitung, erste Nummer)

Franz Kafka gest. (geb. 1883)

Piscator/Gasbarra: Revue ‚Roter Rummel' (Berlin)
‚Kabarett der Komiker' (Kurt Robischek, Berlin)
Brecht und Zuckmayer Dramaturgen am Deutschen Theater (Berlin)
Max Reinhardt übernimmt die Leitung des Theaters in der Josefstadt (Wien) und der Salzburger Sommerfestspiele
Carl von Ossietzky Redakteur der Zeitschrift ‚Das Tagebuch'
Ernst Barlach erhält den Kleistpreis

1925

Becher, Johannes Robert: Roter Marsch (Dr.)
Buber, Martin: Die Schrift (Übers. d. AT)
Feuchtwanger, Lion: Jud Süß (Rom.)
Goetz, Wolfgang: Neidhard von Gneisenau (Dr.)
Hartmann, Max: Biologie und Philosophie
Hartmann, Nicolai: Ethik (Phil.)
Hauptmann, Gerhart: Die Insel der großen Mutter (Rom.)
Hiller, Kurt: Verwirklichung des Geistes im Staat (Essays)
Hofmannsthal, Hugo von: Der Turm (Schsp.)
Holitscher, Arthur: Narrenbaedecker (Reiseber.)
Holz, Arno: Das Werk (10 Bde.)
Kafka, Franz: Der Prozeß (Rom., posthum)
Kellermann, Bernhard: Die Brüder Schellenberg (Rom.)
Klabund: Der Kreidekreis (Dr.)
Kolb, Annette: Spitzbögen (Erz.)
Leonhard, Rudolf: Segel am Horizont (Dr.)
Ludwig, Emil: Napoleon (Monogr.)
    Wilhelm II. (Monogr.)
Mann, Heinrich: Der Kopf (letzter Bd. der Romantr. ‚Das Kaiserreich')
Merker, Paul: Reallexikon der deutschen Literaturgeschichte (4 Bde., Beginn)
Michaelis, Karin: Das Mädchen mit den Scherben (Rom., 5 Bde.)
Mombert, Alfred: Atair (Ged.)
Mühsam, Erich: Alarm. Manifeste aus 20 Jahren
Neumann, Alfred: Der Patriot (Erz.)
Schnitzler, Arthur: Traumnovelle
Soergel, Albert: Dichtung und Dichter der Zeit (Lit.-Wiss., 2 Bde.)
Victor, Walther: Abseits vom Tempo (Erz.)
    Atemzüge der Besinnung (Skizzen)
Volkelt, Johann: Phänomenologie und Metaphysik der Zeit (Phil.)
Weber, Alfred: Die Krise des modernen Staatsgedankens in Europa (Staatsphil.)
Wittig, Josef: Leben Jesu in Palästina, Schlesien und anderswo (2 Bde., Theol.)
Zuckmayer, Carl: Der fröhliche Weinberg (Lsp.)
Zweig, Stefan: Die Augen des ewigen Bruders (Jugenderinn.)
    Der Kampf mit dem Dämon (Essays)

Zeitschriften
‚Die Antike'
‚Deutsche Kultur im Leben der Völker'
Pamphlet der Roten Hilfe: ‚Politische Justiz gegen Kunst und Literatur'

Rudolf Steiner, Begründer der Anthroposophie, gest. (geb. 1861)
‚Trotz alledem!' KPD-Revue (Großes Schauspielhaus, Berlin, Insz. E. Piscator)
Brecht verläßt das Deutsche Theater
Johann Robert Becher wegen literarischen Hochverrats verhaftet
Carl Zuckmayer erhält den Kleistpreis

1926

Barlach, Ernst: Der blaue Ball (Schsp.)
Brecht, Bertolt: Baal (Dr.)
    Mann ist Mann (Lsp.)
    Die Hochzeit (Dr.)
Dehmel, Richard: Bekenntnisse (Autobiogr., posthum)
    Kindergeschichten (posthum)
Ebermayer, Erich: Kaspar Hauser (Dr.)
Ernst, Paul: Der Schatz im Morgenbrotstal (Rom.)
Fleißer, Marieluise: Fegefeuer in Ingolstadt (Dr.)
Frank, Bruno: Trenck (Rom.)
Goebbels, Joseph: Die zweite Revolution. Briefe an Zeitgenossen
Graff, Sigmund: Die endlose Straße (Schsp.)
Grimm, Hans: Volk ohne Raum (Rom., 2 Bde.)
Hauptmann, Gerhart: Dorothea Angermann (Schsp.)
Huch, Ricarda: Der wiederkehrende Christus (Erz.)
Jahnn, Hans Henny: Medea (Tr.)
Kafka, Franz: Das Schloß (Rom.-Fragm., posthum)
Kaiser, Georg: Zweimal Oliver (Bühnenstück)
Keyserling, Hermann von: Die neu entstehende Welt (Phil.)
Klabund: Cromwell (Dr.)
Klages, Ludwig: Die psychologischen Errungenschaften Nietzsches (Phil.)
Kolbenheyer, Erwin Guido: Paracelsus (Romantrilogie)
Ludwig, Emil: Bismarck (Monogr.)
Mann, Klaus: Der fromme Tanz (Rom.)
Mann, Thomas: Unordnung und frühes Leid (Nov.)
    Lübeck als geistige Lebensform (Rede)
Miegel, Agnes: Geschichten aus Alt-Preußen
Neumann, Alfred: Der Patriot (Dr.)
    Der Teufel (Rom.)
    König Haber (Erz.)
Paquet, Alfons: Sturmflut (Dr.)
Polgar, Alfred: Orchester von oben (Skizzen)
    An den Rand geschrieben (Feuilletons)
Scheler, Max: Die Wissensformen und die Gesellschaft (Phil.)
Schlick, Moritz: Erleben, Erkennen, Metaphysik (Phil.)
Schnitzler, Arthur: Der Gang zum Weiher (Schsp.)
Scholz, Wilhelm von: Perpetua (Rom.)
Sudermann, Hermann: Der tolle Professor (Rom.)
Thieß, Frank: Das Tor zur Welt (Rom.)
Thoniës, Ferdinand: Fortschritt und soziale Entwicklung (Soz.)
Traven, Bruno (B.): Das Totenschiff (Rom.)
Unruh, Fritz von: Bonaparte (Dr.)
Wiechert, Ernst: Der Knecht Gottes Andreas Nyland (Rom.)

Wildgans, Anton: Wiener Gedichte
Zweig, Stefan: Verwirrung der Gefühle (Erz.)

Zeitschriften
‚AIZ' – Wochenzeitschrift (Berlin)
‚Welt am Abend' (Berlin)
‚Die Arena' (Berlin)

Rainer Maria Rilke gest. (geb. 1875)
Siegfried Jacobsohn, Begründer der ‚Weltbühne', gest. (geb. 1881; die Leitung der Zeitschrift übernimmt vorübergehend Kurt Tucholsky)

Holländer/Schiffer: Revue ‚Hetärengespräche' (Kleines Theater Berlin)
Holländer: Revue ‚Laterna Magica' (Renaissance Theater, Berlin)
Abteilung Dichtung der Preußischen Akademie der Wissenschaften gegründet
Gesetz zur Bewahrung der Jugend vor Schmutz- und Schundliteratur
Hans Fallada wird in Kiel zu zwei Jahren Haft wegen Unterschlagung verurteilt
Fritz von Unruh, Hans Burte und Franz Werfel erhalten den Schillerpreis

1927

Benn, Gottfried: Gesammelte Gedichte
Berendsohn, Georg/Lagerlöf, Selma: Heimat und Leben, Künstlerschaft, Wirkung und Wert (Betr.)
Blei, Friedrich: Glanz und Elend berühmter Frauen (Betr.)
Bonsels, Waldemar: Mario und die Tiere (Erz.)
Brecht, Bertolt: Kleines Mahagonny (Theaterstück)
   Die Hauspostille (Ged.)
   Im Dickicht der Städte (Theaterstück)
Eggebrecht, Axel: Katzen (Erz. u. Essays)
Feuchtwanger, Lion: Drei angelsächsische Stücke
Frank, Bruno: Zwölftausend (Schsp.)
Frank, Leonhard: Karl und Anna (Erz.)
Freud, Sigmund: Die Zukunft einer Illusion (Psych.)
Friedenthal, Richard: Maria Rebscheider (Nov.)
Gagern, Friedrich von: Das Grenzerbuch (Beschr.)
Graf, Oskar Maria: Wir sind Gefangene (Autobiogr.)
Haecker, Theodor: Christentum und Kultur (Kulturphil.)
Hasenclever, Walter: Ein besserer Herr (Kom.)
Hauptmann, Gerhart: Till Eulenspiegel (Ep.)
Heidegger, Martin: Sein und Zeit (Phil.)
Herrmann-Neiße, Max: Der Todeskandidat (Erz.)
Hesse, Hermann: Der Steppenwolf (Rom.)
Huch, Rudolf: Spiel am Ufer (Rom.)
Johst, Hanns: Thomas Paine (Dr.)
Kafka, Franz: Amerika (Rom., posthum)
Kastein, Josef: Pik Adam (Rom.)
   Melchior (Rom.)
Katz, Richard: Ein Bummel um die Welt (Reiseber.)
Kesten, Hermann: Josef sucht die Freiheit (Rom.)
Kisch, Egon Erwin: Zaren, Popen, Bolschewiken (journ. Reiseber.)
Klages, Ludwig: Persönlichkeit (Phil.)

Kolbenheyer, Erwin Guido: Das Lächeln der Penaten (Rom.)
Mann, Heinrich: Mutter Marie (Rom.)
Miegel, Agnes: Spiele (dram. Dicht.)
Molnár, Franz: Spiel im Schloß (Dr.)
Neumann, Robert: Mit fremden Federn (Parodien)
   Die Pest von Cianora (Rom.)
Polgar, Alfred: Ja und Nein (Kritiken)
Ponten, Josef: Römisches Idyll
Schaeffer, Albrecht: Verhängnisse (Nov.)
   Der Kreislauf (Ged.)
Thieß, Frank: Abschied vom Paradies (Rom.)
   Frauenraub (Rom.)
Toller, Ernst: Hoppla, wir leben! (Bühnenstück)
Traven, Bruno (B.): Der Schatz der Sierra Madre (Rom.)
Utitz, Emil: Überwindung des Expressionismus (Progr. der Neuen Sachl.)
Viertel, Berthold: Das Gnadenbrot (Rom.)
Vring, Georg von der: Soldat Suhren (Rom.)
Weber, Alfred: Ideen der Staats- und Kultursoziologie
Wildgans, Anton: Kirbisch (Ep.)
Wolf, Friedrich: Kolonne Hund (Schsp.)
Zuckmayer, Carl: Schinderhannes (Dr.)
Zweig, Stefan: Sternstunden der Menschheit (hist. Miniaturen)

Zeitschriften
‚Der rote Fährer' (Zeitung des RFB, Berlin, erste Nummer)

Maximilian Harden, Publizist, gest. (geb. 1861)

Holländer/Seeler: Revue ‚Rund um die Gedächtniskirche' (Berlin)
Piscator eröffnet die ‚Piscatorbühne' (Berlin)
Carl von Ossietzky übernimmt die Leitung der ‚Weltbühne'
Gropius entwirft das ‚Totaltheater' für Piscator
Öffentliche Versammlung im Berliner Herrenhaus gegen die unpolitische Haltung der
   Volksbühne (Toller, Jeßner, Piscator, Tucholsky u. a.)

1928

Adler, Alfred: Die Technik der Individualpsychologie (2 Bde. bis 1930)
Barlach, Ernst: Ein selbsterzähltes Leben (Autobiogr.)
Benjamin, Walter: Einbahnstraße (Aphorismen)
   Der Ursprung des deutschen Trauerspiels (Aufsatz)
Benn, Gottfried: Gesammelte Prosa
Binding, Rudolf Georg: Erlebtes Leben (Autobiogr.)
Blunck, Hans Friedrich: Urvätersage (Romantrilogie)
   Bruder und Schwester (Nov.)
Brecht, Bertolt/Weill, Kurt: Die Dreigroschenoper
Bruckner, Ferdinand: Krankheit der Jugend (Schsp.)
Carnap, Rudolf: Scheinprobleme der Philosophie
Däubler, Theodor: L' Africana (Rom.)
Durieux, Tilla: Eine Tür fällt ins Schloß (Rom.)
Eipper, Paul: Tiere sehen dich an (Tierbeschr.)

Ernst, Paul: Das Kaiserbuch (Versep., 2 Bde.)
George, Stefan: Das neue Reich (Ged.)
Glaeser, Ernst: Jahrgang 1902 (Rom.)
Gleichen Rußwurm, Alex von: Im grünen Salon (Nov.)
Gogarten, Friedrich: Die Schuld der Kirche gegen die Welt (Abhdlg.)
Groethuysen, Bernhard: Philosophische Anthropologie (Phil.)
Haensel, Carl: Der Kampf ums Matterhorn (Rom.)
Hauptmann, Gerhart: Der weiße Heiland (Schsp.)
   Der Dämon (Rom.)
Hauser, Heinrich: Brackwasser (Rom.)
Hausmann, Manfred: Lampioon küßt Mädchen und junge Birken (Rom.)
Jung, C. G.: Die Beziehungen zwischen dem Ich und dem Unbewußten (Psych.)
Kästner, Erich: Herz auf Taille (Ged.)
Kesten, Hermann: Admet (Tragikom.)
   Maud liebt beide (Kom.)
Keyserling, Hermann von: Das Spektrum Europas (Geschichtsphil.)
Klabund: Borgia (Rom.)
Lampel, Peter Martin: Die Revolte im Erziehungshaus (Schsp.)
Lange-Eichbaum, Wilhelm: Genie, Irrsinn und Ruhm
Le Fort, Gertrud von: Das Schweißtuch der Veronika (Rom.)
Leisegang, Hans: Denkform (Phil.)
Mann, Heinrich: Eugénie oder die Bürgerzeit (Rom.)
Mühsam, Erich: Staatsräson (Dr.)
Nadler, Joseph: Literaturgeschichte der deutschen Stämme und Landschaften (4 Bde.)
Ortner, Eugen: Meier Helmbrecht (Dr.)
Polgar, Alfred: Ich bin Zeuge (Essays)
Renn, Ludwig: Krieg (Tagebuch)
Ringelnatz, Joachim: Matrosen (Erinn.)
Scheler, Max: Die Stellung des Menschen im Kosmos (Phil.)
Seghers, Anna: Der Aufstand der Fischer von St. Barbara (Erz.)
Speyer, Wilhelm: Der Kampf der Tertia (Erz.)
Spranger, Eduard: Das deutsche Bildungsideal der Gegenwart in geschichtsphilosophischer Beleuchtung (Phil.)
Tucholsky, Kurt: Mit fünf PS (Sat.)
Volkelt, Johann: Das Problem der Individualität (Psych.)
Wassermann, Jakob: Der Fall Mauritius (Rom.)
   Das Gold von Caxamalca (Erz.)
Weiß, Ernst: Boëtius von Orlamünde (Rom.)
Werfel, Franz: Der Abituriententag (Rom.)
Wildgans, Anton: Gedichte um Pan (Ged.)

Klabund (eigentl. Alfred Henschke) gest. (geb. 1890)
Hermann Sudermann gest. (geb. 1857)
Max Scheler gest. (geb. 1874)

Piscator inszeniert ‚Die Abenteuer des braven Soldaten Schwejk'
Piscatorbühne aufgelöst
Junge Bühne aufgelöst
Albert Schweitzer erhält den Goethe-Preis
Karl-May-Museum in Radebeul eingerichtet

1929

Adler, Alfred: Individualpsychologie in der Schule (Psych.)
Alberdes, Paul: Die Pfeiferstube (Erz.)
Baum, Vicky: Menschen im Hotel (Rom.)
Borchardt, Rudolf: Das hoffnungslose Geschlecht (Erz.)
Brecht, Bertolt: Aufstieg und Fall der Stadt Mahagonny (Oper, UA 1930)
    Das Badener Lehrstück vom Einverständnis (Stück)
    Der Jasager (Stück)
    Der Flug der Lindberghs (Stück)
Brecht, Bertolt/Weill, Kurt: Happy End (Stück mit Musik)
Bronnen, Arnolt: O. S. (Rom.)
Bruckner, Ferdinand: Die Verbrecher (Schsp.)
Cassirer, Ernst: Philosophie der symbolischen Formen (3 Bde.)
Csokor, Franz Theodor: Gesellschaft der Menschenrechte (Dr.)
Döblin, Alfred: Berlin Alexanderplatz (Rom.)
Eipper, Paul: Tierkinder (Tiergesch.)
    Menschenkinder (Gesch.)
Fleißer, Marieluise: Pioniere in Ingolstadt (Dr.)
Friedenthal, Richard: Der Eroberer (Rom.)
Goebbels, Joseph: Michael. Ein deutsches Schicksal in Tagebuchblättern
Gurian, Waldemar: Die politischen und sozialen Ideen des französischen Katholizismus (Theol.)
Hasenclever, Walter: Ehen werden im Himmel geschlossen (Kom.)
Hauptmann, Gerhart: Buch der Leidenschaft (Rom., 2 Bde.)
Heidegger, Martin: Was ist Metaphysik? (Phil.)
    Kant und das Problem der Metaphysik (Phil.)
Herzog, Wilhelm/Rehfisch, Hans José: Die Affäre Dreyfus (Dr.)
Hesse, Max René: Partenau (Rom.)
Heuss, Theodor: Das Wesen der Demokratie (Pol.)
Heyck, Hans: Deutschland ohne Deutsche (Rom.)
Jacques, Norbert: Die Limburger Flöte (Rom.)
Jahnn, Hans Henny: Perrudja (Rom.)
Jelusich, Mirko: Caesar (Rom.)
Jünger, Ernst: Das abenteuerliche Herz (Essays)
Kästner, Erich: Emil und die Detektive (Rom.)
Kesten, Hermann: Babel (Schsp.)
    Die heilige Familie (Schsp.)
    Ein ausschweifender Mensch (Rom.)
    Die Liebes-Ehe (Erz.)
Kolbenheyer, Erwin Guido: Heroische Leidenschaften (Schsp.)
    Die Brücke (Schsp.)
Kramer, Theodor: Die Gaunerzinke (Ged.)
Lampel, Peter Martin: Giftgas über Berlin (Dr.)
Landauer, Gustav: Lebensgang in Briefen (2 Bde.)
Liebert, Arthur: Geist und Welt der Dialektik (Phil.)
Mann, Klaus: Alexander (Rom.)
Mannheim, Karl: Ideologie und Utopie (Phil.)
Mehring, Walter: Der Kaufmann von Berlin (Stück mit Musik von H. G. Eisler)
Mombert, Alfred: Aiglas Herabkunft (Dr.)
Mühsam, Erich: Von Eisner bis Leviné. Revolutionsbericht 1918/19
Peuchert, Will Erich: Zwei Lichter in der Welt (Erz.)

Pinner, Erna: Eine Dame in Griechenland (Reiseber.)
Plivier, Theodor: Des Kaisers Kulis (Rom., auch Dr.)
Polgar, Alfred: Schwarz auf Weiß (Essays)
Remarque, Erich Maria: Im Westen nichts Neues (Rom.)
Schäfer, Wilhelm: Gesammelte Anekdoten
Schweitzer, Albert: Selbstdarstellung
Stehr, Hermann: Nathanael Maechler (Rom.)
Tucholsky, Kurt: Deutschland, Deutschland über alles (Sat.)
   Das Lächeln der Mona Lisa (Sat.)
Victor, Walther: Einer von Vielen (Rom.)
Viebig, Clara: Die mit den tausend Kindern (Rom.)
Wegner, Armin Theophil: Moni (Rom.)
Werfel, Franz: Barbara oder die Frömmigkeit (Rom.)
Wiechert, Ernst: Die kleine Passion (Rom.)
Wiese, Leopold von: Allgemeine Soziologie
Wolf, Friedrich: Cyankali (Schsp.)
Zuckmayer, Carl: Katharina Knie (Dr.)

Zeitschriften
‚Die Linkskurve'

Hugo von Hofmannsthal gest. (geb. 1874)
Arno Holz gest. (geb. 1863)

Piscatorkollektiv Mannheim: ‚Credés § 218'
Kabarett ‚Die Katakombe' (Berlin)
K. H. Martin Intendant der Volksbühne (Berlin)
Theatermuseum in Berlin
Literaturnobelpreis für Thomas Mann
Urteile gegen zahlreiche kommunistische Journalisten (u. a. Fritz Gabler, Karl Birbach)

1930

Beumelburg, Werner: Gruppe Basemüller (Rom.)
Bloch, Ernst: Spuren (Phil.)
Boree, Karl Friedrich: Dor und der September (Rom.)
Brecht, Bertolt: Der Jasager und der Neinsager (Schuloper)
   Die Maßnahme (Lehrstück)
   Fatzer (Frgm.)
Bredel, Willi: Maschinenfabrik N & K (Rom.)
Bruckner, Ferdinand: Elisabeth von England (Dr.)
Burte, Hermann: Krist vor Gericht (Dr.)
Eloesser, Artur: Literaturgeschichte (Lit.-Wiss.)
Ernst, Paul: Jugenderinnerungen
Feuchtwanger, Lion: Erfolg (Rom.)
Frank, Bruno: Sturm im Wasserglas (Schsp.)
   Alkmene (Erz.)
Grimm, Hans: Der Richter in der Karu (Rom.)
Hasenclever, Walter: Napoleon greift ein (Kom.)
Herzog, Albrecht: Krach um Leutnant Blumenthal (Schsp.)

Hesse, Hermann: Narziß und Goldmund (Rom.)
Hinrichs, August: Swinskomödie (Posse)
Horváth, Ödön von: Der ewige Spießer (Rom.)
Huch, Ricarda: Alte und neue Götter (Theol.)
Kastein, Josef: Sabbatei Zewi (Monogr.)
Katz, Richard: Heitere Tage mit braunen Menschen (Reiseber.)
Kesten, Hermann: Einer sagt die Wahrheit (Kom.)
Kisch, Egon Erwin: Paradies Amerika (Reiseber.)
Köppen, Edlef: Heeresbericht
Krittel, John: Abd.-el-Kader (Rom.)
Le Fort, Gertrud von: Der Papst aus dem Ghetto (Rom.)
Mann, Heinrich: Die große Sache (Rom.)
Mann, Thomas: Die Forderung des Tages (Essays)
   Mario und der Zauberer (Erz.)
Marchwitza, Hans: Sturm auf Essen (Rom.)
Molnár, Franz: Die Fee (Dr.)
Molo, Walter von: Zwischen Tag und Traum (Reden u. Essays)
Musil, Robert: Der Mann ohne Eigenschaften (Romanfrgm., 3 Bde., veröffentl. 1943, posthum)
Neumann, Alfred: Der Held (Rom.)
Neumann, Robert: Sintflut (Rom.)
Penzoldt, Ernst: Die Powenzbande (Rom.)
Plivier, August: Des Kaisers Kulis (Dr.)
Renn, Ludwig: Nach-Krieg (Rom.)
Reuschning, Hermann: Die Entdeckung Westpreußens und Polens (Pol.)
Rosenberg, Alfred: Der Mythos des 20. Jahrhunderts (Abhdlg.)
Roth, Joseph: Hiob (Rom.)
Salomon, Ernst von: Die Geächteten (Rom.)
Schäfer, Wilhelm: Der Hauptmann von Köpenick (Rom.)
Schaeffner, Jacob: Die Jünglingszeit des Johannes Schattenhold (Rom.)
Schlick, Moritz: Fragen der Ethik (Phil.)
Scholz, Wilhelm von: Klok (Rom.)
Schröder, Rudolf Alexander: Mitte des Lebens (Ged.)
Schweitzer, Albert: Die Mystik des Apostels Paulus (Theol.)
Seidel, Ina: Das Wunschkind (Rom.)
Strauß, Emil: Der Schleier (Gesch.)
Toller, Ernst: Feuer aus den Kesseln (Bühnenstück)
Victor, Walther: Geliebtes Manuskript (Ged.)
Waggerl, Karl Heinrich: Brot (Rom.)
Wassermann, Jakob: Hofmannsthal der Freund (Nachruf)
Wehner, Josef Magnus: Sieben vor Verdun (Rom.)
Wettach, Adrian (Grock): Ich lebe gern (Autobiogr.)
Wolf, Friedrich: Die Matrosen von Cattaro (Schsp.)
Zuckmayer, Carl: Der Hauptmann von Köpenick (Dr.)

Piscatorkollektiv übernimmt das Wallner-Theater (Berlin)

1931

Blunck, Hans Friedrich: Neue Balladen
  Drolliges Volk (Märchen)
Bredel, Willi: Rosenhofstraße (Rom.)
Broch, Hermann: Die Schlafwandler (Romantrilogie, bis 1932)
Carossa, Hans: Der Arzt Gion (Erz.)
Edschmid, Kasimir: Glanz und Elend Südamerikas (Reiseber.)
Fallada, Hans: Bauern, Bonzen und Bomben (Rom.)
Finck, Werner: Neue Herzlichkeit (Ged.)
Fleißer, Marieluise: Mehlreisende Frieda Geier (Rom.)
Frank, Leonhard: Von drei Millionen drei (Rom.)
Hausmann, Manfred: Kleine Liebe zu Amerika (Reiseber.)
Horváth, Ödön von: Die Italienische Nacht (Dr.)
  Geschichten aus dem Wiener Wald (Volksstück)
Jaspers, Carl: Die geistige Situation der Zeit (Phil.)
Jung, C. G.: Seelenprobleme der Gegenwart (Psych.)
Jünger, Ernst: Die totale Mobilmachung (Phil.)
Kafka, Franz: Beim Bau der Chinesischen Mauer (Erz. u. Dr. aus d. Nachlaß)
Kästner, Erich: Fabian (Rom.)
Kesten, Hermann: Wunder in Amerika. Mary Baker Eddy (Rom.)
  Glückliche Menschen (Rom.)
Keun, Irmgard: Gilgi – eine von uns (Rom.)
Kolbenheyer, Erwin Guido: Jagd ihn – ein Mensch (Schsp.)
Kurz, Isolde: Vanadis (Rom.)
Le Fort, Gertrud von: Die Letzte am Schafott (Nov.)
Lernet-Holenia, Alexander: Die Abenteuer eines jungen Herrn in Polen (Rom.)
Mann, Heinrich: Geist und Tat der Franzosen 1780–1930 (Betr.)
Mombert, Alfred: Aiglas Tempel (Dr.)
Muckermann, Friedrich: Der Bolschewismus droht (Pol.)
Pinner, Erna: Ich reise um die Welt (Reisebeschr.)
Planck, Max: Positivismus und reale Außenwelt (Phil.)
Reger, Erik: Union der festen Hand (Rom.)
Remarque, Erich Maria: Der Weg zurück (Rom.)
Scheler, Max: Die Idee des Friedens und der Pazifismus (Phil., posthum)
Schickele, René: Das Erbe am Rhein (Romantrilogie)
Schröder, Rudolf Alexander: Der Wanderer und die Heimat (Ged.)
Schweitzer, Albert: Aus meinem Leben und Denken (Betr.)
Thieß, Frank: Der Zentauer (Rom.)
Traven, B.: Die Baumwollpflücker (Rom.)
Tucholsky, Kurt: Schloß Gripsholm (Rom.)
Vesper, Will: Das harte Geschlecht (Rom.)
  Sam in Schnabelweide (Rom.)
Wangenheim, Gustav von: Die Mausefalle (Stück)
Wassermann, Jakob: Etzel Andergast (Rom.)
Werfel, Franz: Die Geschwister von Neapel (Rom.)
Wolf, Friedrich: Tai Yang erwacht (Schsp.)
Zweig, Arnold: Junge Frau von 1914 (Rom.)

Friedrich Gundolf gest. (geb. 1880)

Politisches Kabarett ‚Die Brücke' (Berlin)
Brecht/Weinert/Will/Eisler u. a.: Revue: ‚Wir sind ja sooo zufrieden' (Berlin)
Deutsche Nationalbibliographie

1932

Adler, Alfred: Der Sinn des Lebens (Psych.)
Binding, Rudolf Georg: Moselfahrt aus Liebeskummer (Nov.)
Blunck, Hans Friedrich: Die blaue Erde (Rom.)
Brecht, Bertolt: Die heilige Johanna der Schlachthöfe (Schsp.)
    Die drei Soldaten (Kinderbuch)
Brecht, Bertolt/Eisler, Hans: Die Mutter (Stück)
Britting, Georg: Lebenslauf eines dicken Mannes, der Hamlet hieß (Rom.)
Bruckner, Ferdinand: Timon (Tr.)
Dwinger, Edwin Erich: Deutsche Passion (Romantr.)
Edschmid, Kasimir: Deutsches Schicksal (Rom.)
Fallada, Hans: Kleiner Mann – was nun? (Rom.)
Goebbels, Joseph: Kampf um Berlin (Pol.)
Hartmann, Nicolai: Das Problem des geistigen Seins (Phil.)
Hauptmann, Gerhart: Vor Sonnenuntergang (Schsp.)
Hausmann, Manfred: Abel mit der Mundharmonika (Rom.)
    Die Frühlingsfeier (Nov.)
Hay, Guyla: Gott, Kaiser und Bauer (Dr.)
Hofmannsthal, Hugo von: Andreas oder die Vereinigten (Romanfrgm., posthum)
Horváth, Ödön von: Kasimir und Karoline (Schsp.)
Jaspers, Carl: Philosophie (3 Bde.)
Jünger, Ernst: Der Arbeiter. Herrschaft und Gestalt (Phil.)
Kerr, Alfred: Was wird aus Deutschlands Theater? (Kr.)
Kesten, Hermann: Der Scharlatan (Rom.)
Keun, Irmgard: Das kunstseidene Mädchen (Rom.)
Keyserling, Hermann von: Südamerikanische Meditationen
Klages, Ludwig: Der Geist als Widersacher der Seele (Phil., 3 Bde.)
Ludwig, Emil: Gespräche mit Mussolini
Mann, Erika: Stoffel fliegt übers Meer (Erz.)
Mann, Klaus: Kind dieser Zeit (Autobiogr.)
Mann, Thomas: Goethe als Repräsentant des bürgerlichen Zeitalters (Rede)
Mell, Max: Die Sieben gegen Theben (dr. Dichtg.)
Neumann, Alfred: Narrenspiegel (Rom.)
Neumann, Robert: Die Macht (Rom.)
    Unter falscher Flagge (Parodien)
Plivier, Theodor: Der Kaiser ging, die Generäle blieben (Rom.)
Reger, Erik: Das wachsame Hähnchen (Rom.)
Roth, Josef: Radetzkymarsch (Rom.)
Schenzinger, Karl Aloys: Der Hitlerjunge Quex (Rom.)
Seghers, Anna: Gefährten (Rom.)
Wiechert, Ernst: Jedermann (Rom.)
    Die Magd des Jürgen Doskocil (Rom.)

Zeitschriften
letzte Nummer der ‚Linkskurve'

Anton Wildgans gest. (geb. 1881)

Brecht/Ottwalt/Eisler: Revue ‚Kuhle Wampe' (Berlin) durch die Zensur verboten
Heinz Hilpert Direktor der Volksbühne (Berlin)
Ludwig Renn verhaftet
Berliner Treffen des Schutzverbandes der Schriftsteller verboten
Goethe-Medaille für Wissenschaft und Kunst gestiftet

1933

Edschmid, Kasimir: Das Südreich (Rom.)
Kaléko, Mascha: Das lyrische Stenogrammheft (Ged.)
Wangenheim, Gustav von: Wer ist der Dümmste (Dr.)
Bernhard, Georg: Die deutsche Tragödie (Abhdlg., Emigr.)
Brehm, Bruno: Weder Kaiser noch König (Romantrilogie)
Broch, Hermann: Die unbekannte Größe (Rom., Emigr.)
Busse, Hermann Eris: Bauernadel (Romantrilogie)
Ernst, Paul: Das Glück von Lautenthal (Rom.)
Frenssen, Gustav: Meino der Prahler (Rom.)
Freud, Sigmund (an Einstein): Warum Krieg? (Brief)
Hesse, Max René: Morath schlägt sich durch (Rom.)
  Morath verwirklicht einen Traum (Rom.)
Johst, Hanns: Schlageter (Dr., neuformiertes deutsches Staatstheater)
Lernet-Holenia, Alexander: Ich war Jack Mortimer (Rom.)
Ludendorff, Erich: Mein militärischer Werdegang (Autobiogr.)
Mann, Thomas: Die Geschichte Jakobs (1. Teil Josephstrilogie)
Olden, Rudolf: Die Entlarvung einer Legende (Pol., Emigr.)
Reich, Wilhelm: Charakteranalyse (Psych., Emigr.)
Salomon, Ernst von: Die Kadetten (Rom.)
Spoerl, Heinrich: Die Feuerzangenbowle (Rom.)
Thieß, Frank: Johanna und Esther (Rom.)
Wehner, Josef Magnus: Die Wallfahrt nach Paris (Trilogie)
Werfel, Franz: Die vierzig Tage des Musa Dagh (Rom., 2 Bde., Emigr.)

Stefan George gest. (geb. 1868)

Erich Mühsam verhaftet
Volksbühne aufgelöst
Brecht emigriert nach Prag
öffentliche Bücherverbrennung
Reichsschriftenkammer gegründet (Präsident Hans Friedrich Blunck bis 1935)

Uwe-K. Ketelsen

Zur Literatur im Deutschland der dreißiger und vierziger Jahre

Karl Otto Conrady zum 60. Geburtstag

I.

In eine Darstellung signifikanter Epochen der deutschen Literatur des 20. Jahrhunderts einen Beitrag zur Literatur aufzunehmen, die während der dreißiger und vierziger Jahre in Deutschland geschrieben worden ist, stellt aus mehreren (durchaus einsichtigen) Gründen schon vom Konzept her kein selbstverständliches Unterfangen dar. Es wäre nicht nur zu fragen, unter welchen Gesichtspunkten das zu behandelnde Material überhaupt eine 'epochale' Einheitlichkeit zeige, sondern auch, ob die territoriale Scheidung in eine inner- und eine außerdeutsche Produktion triftig sei; und schließlich sticht nur zu offensichtlich ins Auge, daß in einem solchen Vorhaben die politische Geschichte der Literaturgeschichte die Bahn absteckt; es wäre doch mehr als nur eine Frage wert, ob das Dritte Reich solcherart (wieder) zur Ehre der Altäre erhoben werden soll, zumal wenn der Adressatenkreis vor allem in der Schule gesucht wird. Zwar ist es in der Literaturwissenschaft der letzten zehn Jahre gängig geworden, von einer „Literatur des Dritten Reichs" zu sprechen (wenngleich in jüngster Zeit sich Widerspruch dagegen regt)[1], aber in Hinsicht auf die Schule gibt es, soweit ich erkennen kann, nicht allzu viele Ansätze in dieser Richtung[2]; eher hat man – dann aber mit ganz anderer Zielsetzung – nach dem Deutschunterricht im Dritten Reich gefragt.[3] Eine Ausnahme wird in der schulbezogenen Literatur eigentlich nur in Hinsicht auf das Thema 'Politische Rede' gemacht, wo die Beschäftigung mit nationalsozialistischen Politikerreden nahezu obligatorisch ist.[4] Ansonsten liegt das Thema außerhalb der kurrikularen Bahnen.
Aber nicht nur vom Konzept her, auch vom Material her wirft ein solches Vorhaben Probleme auf. Denn angesichts der konzeptionellen Schwierigkeiten (denen sich dann noch anders begründete zugesellen) ist es einigermaßen erklärlich, daß die literarhistorischen Kenntnisse über diese eineinhalb Jahr-

---

(1) Besonders Wulf Koepke u. Michael Winkler (Hrsg.): Deutschsprachige Exilliteratur. Studien zu ihrer Bestimmung im Kontext der Epoche 1930 bis 1960, Bonn 1984.
(2) Im Jahrgang 1983 von ‚Diskussion Deutsch' liegt ein Heft zu diesem Thema vor.
(3) Zuletzt dazu: Norbert Hopster und Ulrich Nassen: Literatur und Erziehung im Nationalsozialismus, Paderborn 1983.
(4) Vgl. etwa Rolf Günther: Die politische Rede: Sprache als Herrschaftsinstrument. Unterrichtsmodelle für das 12./13. Schuljahr, in: Hans Thiel (Hrsg.): Reflexion über Sprache im Deutschunterricht, Frankfurt/M. 1972, S. 143–163; Ilse Schweinsberg-Reichart: Analyse von Redeausschnitten, in: Hellmut Geißner u. a. (Hrsg.): Sprechen – Hören – Verstehen, Wuppertal 1968, S. 82–97. Im übrigen siehe Literaturangaben Anm. 2.

zehnte alles in allem gering sind. Wer weiß schon etwas Bestimmtes mit – sagen wir – Curt Langenbeck[5] anzufangen? Und über die Details nationalsozialistischer Kulturpolitik breitet sich ein ziemliches Dunkel.[6] Die Germanistik hat bislang – mit welchen Argumenten auch immer – kein übermäßiges Interesse für diesen Komplex entwickelt (wenn auch insgesamt über die Jahrzehnte doch mehr literaturwissenschaftliche Studien zusammengekommen sind, als man zunächst erwarten möchte).[7] Auf eine Darstellung, die dem Anspruch gerecht würde, die Jahre zwischen 1933 und 1945 als 'Epoche', als einen in sich gegliederten Zeitraum, darzustellen, kann man jedenfalls nicht zurückgreifen[8], sie ist noch nicht einmal ansatzweise in Sicht; es fehlen dazu elementare Vorstudien.[9] Diese Abstinenz hat zur naheliegenden Konsequenz, daß

(5) Siehe NDB XIII (1982), S. 584 f.
(6) Die wichtigsten allgemeinen Informationsquellen sind: Hildegard Brenner: Die Kunstpolitik des Nationalsozialismus, Reinbek 1963; Gerhard Sauder (Hrsg.): Die Bücherverbrennung, München 1983; Dietrich Strothmann: Nationalsozialistische Literaturpolitik, Bonn ³1968; Ulrich Walberer (Hrsg.): 10. Mai 1933. Bücherverbrennung in Deutschland und die Folgen, Frankfurt/M. 1983 (= Fischer Bücherei 4245); gerade erschienen ist: Horst Denkler und Eberhard Lämmert (Hrsg.): „Das war ein Vorspiel nur...". Literaturpolitik im 'Dritten Reich', Berlin 1985.
(7) Überblick über die verstreute Literatur findet sich bei Uwe-K. Ketelsen: Völkisch-nationale und nationalsozialistische Literatur in Deutschland. 1890–1945, Stuttgart 1976 (= SM 142); ders.: Die Literatur des III. Reichs als Gegenstand germanistischer Forschung, in: Hans Joachim Schrimpf u. a. (Hrsg.): Wege der Literaturwissenschaft. Festschrift für Paul Gerhard Klussmann, Bonn 1984, S. 282–300. Dieser Überblick gibt der vorliegenden Abhandlung die Struktur vor. Einige wichtige Untersuchungen liegen in einer kleinen Zahl von Sammelbänden vor; vgl. vor allem: Horst Denkler und Karl Prümm (Hrsg.): Die deutsche Literatur im Dritten Reich, Stuttgart 1976; Ralf Schnell (Hrsg.): Kunst und Kultur im Faschismus, Stuttgart 1978; Thomas Koebner (Hrsg.): Weimars Ende, Frankfurt/M. 1982 (st 2018); Günter Hartung: Literatur und Ästhetik des deutschen Faschismus, Berlin 1983; Beda Allemann (Hrsg.): Literatur und Germanistik nach der 'Machtübernahme', Bonn 1983.
(8) Es liegen nur eine polnischsprachige, sich eher als Überblick verstehende, aber mit 459 Seiten doch recht umfangreiche Darstellung von Hubert Orlowski: Literatura wIII Rzeszy, Posnań 1979; und eine englische von J. M. Ritchie: German Literature under National Socialism, London 1983, vor.
(9) Die geschichtlichen Darstellungen zur Literatur unseres Jahrhunderts widmen diesem Komplex keine übermäßige Aufmerksamkeit. In neuerer Zeit wird er zumindest nicht mehr völlig übergangen, aber er wird doch zum einen meist sehr pauschal, zum andern sehr spezifisch in jeweils einem einzelnen, für markant gehaltenen Aspekt dargestellt. Vgl. etwa Hans Kaufmann und Dieter Schiller (Hrsg.): Geschichte der deutschen Literatur, Bd. 10: 1917–1945, Berlin 1973; Jochen Vogt u. a.: Einführung in die deutsche Literatur des 20. Jahrhunderts, Bd. 2, Opladen 1977, S. 251–262; Jan Berg u. a.: Sozialgeschichte der deutschen Literatur von 1918 bis zur Gegenwart, Frankfurt/M. 1981, S. 359–416 (= Fischer TB 6475); Thomas Koebner (Hrsg.): Neues Handbuch der Literaturwissenschaft, Bd. 20: Zwischen den Weltkriegen, Wiesbaden 1983, S. 35–54; Alexander v. Bormann und Horst Albert Glaser (Hrsg.): Deutsche Literatur. Eine Sozialgeschichte, Bd. 9: Weimarer Republik – Drittes Reich, Reinbek 1983, S. 144–154; 189–199; 212–218; 235–254; 283–292 (rororo 6258). Interessant bleiben die Literaturgeschichten, die im Dritten Reich selbst produziert wurden, weil sie Material liefern und Perspektiven der Eigendeutung erkennen lassen, wenngleich sie auch sehr gravierende Defizite aufweisen, wie etwa das fast völlige Fehlen von Hinweisen auf die Kulturpolitik oder auf Fraktionierungen. Vgl. vor allem: Hellmuth Langenbucher: Volkhafte Dichtung, Berlin ⁵1940; Norbert Langer: Die deutsche Dichtung seit dem Weltkrieg. Von Paul Ernst bis Hans Baumann, Karlsbad ²1941; Arno Mulot: Die deutsche Dichtung unserer Zeit, Stuttgart ²1944.

keine praktikablen und zugleich fundierten Textsammlungen vorliegen, zu denen sich getrost greifen ließe.[10] Da auch diesem Mangel nicht so ohne weiteres abzuhelfen ist, habe ich mich bemüht, die aufgeworfenen Probleme möglichst textnah an zumindest relativ leicht zugänglichen Stücken zu behandeln, so daß eine Diskussion wenigstens ein Ausgangsmaterial vorfände.[11]

So kann denn hier keine Übersicht über die literarische Produktion der dreißiger und vierziger Jahre in Deutschland geboten werden. Zu viele Probleme sind offen, zu viele Materiallücken klaffen; im Unterschied zu den beiden anderen Abschnitten dieses Buches werden hier also nur Aspekte dargestellt und Probleme aufgeworfen, die eine Beschäftigung mit diesem Stoff mit sich bringt.

Möglicherweise bedeutet der skizzierte Mangel aber auch eine Stärke; er ließe sich vielleicht sogar zu einem Gewinn ummünzen, der es nachgerade rechtfertigte, sich besonders in der Schule intensiver als bisher mit diesem Gegenstand auseinanderzusetzen. Denn diese Offenheit bietet bei allen (auch praktischen) Schwierigkeiten, die sie für den Unterricht im Gefolge hat, am Ende eine große Chance: Der Gegenstand ist noch nicht fixiert, er hat sich noch nicht zum Objekt von scheinbarer Unverrückbarkeit verfestigt. In der nachdenkenden Auseinandersetzung damit ließe sich vielleicht eher als an den kanonisierten Arealen unserer literarischen Vergangenheit erkennen, wie und in welchem Maße literarhistorisches Arbeiten Literaturgeschichte überhaupt produziert; denn erst indem das Material gedanklich durchdrungen wird, entstehen daraus die Anschauung und der Begriff von dem, was wir mit vollem Recht (Literatur)Geschichte nennen. Und in diesem Jahrhundert gibt es wohl kaum ein Ereignis, das zumindest im Hinblick auf die deutsche Geschichte mehr zu einer solchen Überlegung zwänge, als der Faschismus – mit welchem Ergebnis auch immer.

II.

Die erste und fundamentalste Frage, der man sich zuwenden müßte, wäre die Frage nach der Berechtigung, in eine literarhistorische Darstellung der deutschen Literatur dieses Jahrhunderts auch die Literatur der dreißiger und

---

(10) Verdienstvoll sind natürlich die Sammlungen von Ernst Loewy (Hrsg.): Literatur unterm Hakenkreuz. Das Dritte Reich und seine Dichtung, Frankfurt/M. ³1969 u. ö. (= Fischer TB 1042); Joseph Wulf (Hrsg.): Literatur und Dichtung im Dritten Reich. Eine Dokumentation, Frankfurt/M. 1983 (= Ullstein 33032), aber aus ihrer spezifischen Definition dessen, was nationalsozialistische Literatur sei, malen sie eher ein Schreckensbild davon; Henri R. Paucker (Hrsg.): Neue Sachlichkeit, Literatur im 'Dritten Reich' und im Exil, Stuttgart 1974 (= RUB 9657), beschränkt sich auf die „Klassiker" des „Blubo". Zu empfehlen ist die Spezialsammlung von Günther Rühle (Hrsg.): Zeit und Theater: Diktatur und Exil. 1933–1945, Bd. 5 u. 6, Berlin ²1980 (= Ullstein 38032/33); vor allem gibt R. den Texten die Kommentare mit, die für eine angemessene Lektüre mittlerweile fast unentbehrlich sind.

(11) Die ursprüngliche Absicht, in der Schulpraxis die Praktikabilität von Problemstellungen und Materialvorschlägen zu erproben, ließ sich aufgrund technischer Hindernisse nicht verwirklichen.

vierziger Jahre aufzunehmen (ganz unabhängig davon, ob diese Jahre nun eine 'Epoche' bilden oder nicht). Soll ein Hetzstück wie Eberhard Wolfgang Möllers ‚Rothschild siegt bei Waterloo' in die Annalen der deutschen Literaturgeschichte aufgenommen werden oder Ernst Wiecherts ‚Das einfache Leben'? Haben Gottfried Benns ‚Statische Gedichte' Anspruch darauf, verzeichnet zu werden – desselben Autors kulturpolitische Essays aus den Jahren 1933/34 auch? Wie steht es mit Josef Weinhebers Gedichtsammlung ‚Zwischen Göttern und Dämonen' oder mit Ernst Jüngers ‚Auf den Marmorklippen'? Soll Erwin Guido Kolbenheyers ‚Bauhüttenphilosophie' in unseren Geschichtsbüchern prangen? Denn Literaturgeschichte schreiben bedeutet doch auch, literarische Traditionen zu stiften, Erinnerungen wach, Texte und Autoren im Gedächtnis der Nachwelt lebendig zu halten. So müßte denn eine der Fragen lauten, auf die eine Antwort zu finden wäre, ob die in den dreißiger und vierziger Jahren in Deutschland produzierte Literatur überhaupt von der Art sei, daß sie tradiert zu werden verdient? Ihre bloße Existenz rechtfertigt ja noch nicht, daß sie einen Platz in einer Literaturgeschichte beanspruchen darf. Wäre es nicht viel angemessener, die Zeit ihr staubiges Werk daran verrichten zu lassen? Das muß im Hinblick auf die Schule noch intensiver als im Hinblick auf die akademische Germanistik bedacht werden, denn diese hat ja immerhin auch noch 'museale' Aufgaben zu erfüllen.

Diese Frage schließt eine zweifache Überlegung ein, nämlich eine solche in Richtung auf einen Geschichtsbegriff, der unsere Vorstellung von Literaturgeschichte anleiten soll, und eine solche nach der historischen Aussagekraft der zu untersuchenden Literatur selbst.

Es kann hier ganz sicherlich nicht der Ort sein, langwierige Überlegungen darüber anzustellen, was Literaturgeschichte sei; das ist mit wenigen Worten auch gar nicht abzutun. Eines ist indes sicher: In der Tradition des unsere Vorstellungen weitgehend bestimmenden geschichtsphilosophischen Denkens ließe sich darunter kaum eine Vorstellung begreifen, die lediglich auf die Feststellung zielte, Literaturgeschichte sei am Ende nichts als eine Aufzeichnung dessen, was vorhanden (gewesen) ist. Selbst die mittlerweile weithin geläufige Rede vom 'posthistoire' mit ihren Prinzipien scheinbarer Beliebigkeit lebt noch von einem Geschichtsbegriff, den sie negieren kann. Ginge es lediglich um die Faktizität, dann erübrigte sich die Frage nach der Traditionswürdigkeit dieser Literatur von selbst, denn daß es in Deutschland zumindest bis in die frühen vierziger Jahre ein (sogar lebhaftes) literarisches Leben gegeben hat, steht außer Diskussion.

Um wenigstens umrißhaft anzudeuten, worum es bei dieser Frage ginge, sei knapp auf Hegel hingewiesen (ohne ihn damit zur Autorität in dieser Angelegenheit machen zu wollen): Dieser forderte knapp und vage, aber immerhin doch deutlich genug, daß der Historiker nicht allein „das wirklich Geschehene" wiederzugeben habe, sondern daß er „diesen bunten Inhalt der Begebnisse" „aus dem Geiste her für die Vorstellung wiederzuschaffen" habe; dabei gehe es, so fährt er fort, nicht allein um die bloße Richtigkeit des einzelnen und um ein deutliches Bild von dessen Zusammenspiel, es gehe auch darum, aus allen Teilen den „Zusammenhang" hervorgehen zu lassen, in welchem die Teile

„zu der inneren geschichtlichen Bedeutung eines Volkes [...] stehen"[12]. Und wenig später redet er von der „Sache der Zeit", die er in Gegensatz bringt zur „davon abgetrennte[n] und somit zufällige[n] Individualität"[13]; er spricht auch vom „inneren Sinn und Geist der Epoche"[14]. Diese Formulierungen, die so oder auch anders, jedenfalls immer die utopische Hoffnung ausdrücken, „Vernunft" und „Geschichte" seien keine in grundsätzlicher Opposition stehenden Begriffe, sie seien – wie auch immer – zu „vermitteln", diese Formulierungen markieren den Kern unseres traditionellen Geschichtsverständnisses. Sicherlich werfen sie viele, tiefgreifende Probleme und Fragen auf (die wichtigste wäre wohl, ob eine solche Vorstellung von Geschichte als dem Ort, an dem ein „innerer Sinn" zu suchen sei, der Geschichtserfahrung dieses Jahrhunderts überhaupt standhält); sie können hier unmöglich diskutiert werden. Aber insofern „Wissenschaft" eher die Aufgabe hat, Fragen zu stellen, als sie zu beantworten, ist das vielleicht auch nicht nötig. Auf das Feld der Literaturgeschichtsschreibung gewendet, würde eine solche Überlegung bedeuten, daß zu fragen wäre, ob die in jenen Jahren in Deutschland produzierte Literatur überhaupt von der „Sache der Zeit" rede, in irgendeiner Weise vom „inneren Sinn und Geist der Epoche" geprägt sei und damit ein Anrecht anmelden könne, überliefert zu werden.

Es versteht sich von selbst – und das wird, auch wenn es derzeit in der Forschung nicht mehr brandaktuell ist, in der Schule zu diskutieren sein –, daß in eine solche Überlegung Urteile darüber eingehen werden, was denn der 'Faschismus' ist, der den Gang der Ereignisse während dieser Jahrzehnte bestimmt hat.[15] Es hat immer zur raison d'être der Nachfolgestaaten des Dritten Reichs gehört, die Frage danach, ob der Faschismus die „Gestalt der Epoche" gewesen sei, vehement zu verneinen. Die einen glaubten, den Faschismus geschichtlich zu annullieren, indem sie sich als Revolutionäre betrachteten, die dem historisch Neuen die Bahn brächen (dann aber aufs 'Erbe' nicht verzichten mochten, wo es sich zu lohnen schien), die anderen, indem sie im 'wiederaufbauenden' Rückgriff auf die Weimarer Republik eine Brücke über den Abgrund der 'Katastrophe' schlagen wollten. Vor diesem Hintergrund hatte die Frage, welchen historischen Status die Literatur dieses Zeitraums beanspruchen dürfe, selbstverständlich keine Chance. Nur wenige – wie etwa Walter Muschg – konnten oder wollten eine „tiefere Bedeutung" in der Literatur jener Jahre erkennen. (Für Muschg liegt sie darin, daß dort die „Lebensfrage

---

(12) Georg Wilhelm Friedrich Hegel: Ästhetik, hrsg. von Friedrich Bassenge, Bd. 2, Frankfurt/M. 2. Aufl. o. J., S. 352.
(13) Anm. 12, S. 353.
(14) Anm. 12, S. 354.
(15) Über die Diskussion gibt einen (wenngleich etwas veralteten) Überblick Wolfgang Wippermann: Faschismustheorien, Darmstadt ⁴1980; zentrale Texte zur Faschismustheoriediskussion finden sich bei Reinhard Kühnl (Hrsg.): Texte zur Faschismusdiskussion I, Reinbek 1974 (= rororo 1824), II, Reinbek 1979 (rororo 4354). Für eine sozialgeschichtliche Perspektive liefern Material: David Schoenbaum: Die braune Revolution. Eine Sozialgeschichte des Dritten Reiches, Köln 1968; Timm M. Mason: Arbeiterklasse und Volksgemeinschaft, Opladen 1975; Friedrich G. Kürbisch (Hrsg.): Dieses Land schläft einen unruhigen Schlaf. Sozialreportagen 1918–1945, Berlin 1981.

der heutigen Literatur" gestellt werde, die nach seiner Auffassung diejenige nach dem Verhältnis zwischen Literatur und Moral ist.)[16]
Hierauf aber zielt ja gerade die Frage: Zeigt sich in diesen Kunstübungen überhaupt etwas davon, was nach unserer jeweiligen Einschätzung die nationalsozialistische Epoche der deutschen Geschichte ausmacht? Die Antworten darauf sind bekanntlich sehr unterschiedlich ausgefallen; sie reichen von Georg Lukács' dickleibiger Verneinung[17] bis zu Thomas Manns komplizierter Bejahung.[18] Leicht zu diskutieren ist eine solche komplexe Frage hier sicherlich nicht; zu weitläufig wäre das Material und zu vielschichtig die Problematik – aber an einem signifikanten Beispiel das Problem zumindest aufzugreifen, könnte doch lohnend sein, auch wenn die Lektüre eines einzigen Textes, und sei er noch so symptomatisch, nur einen Splitter des Zusammenhangs sichtbar werden läßt.

Zu diesem Zweck sollte man keinen Text auswählen, der es einem leicht macht, eine schnelle Antwort zu finden. Als geeignet erwies sich möglicherweise Gerhart Hauptmanns in den Jahren 1940–1944 geschriebene ‚Atriden-Tetralogie'.[19] Man wird Hauptmann nicht einen Autor nennen wollen, der den Nationalsozialisten außerordentlich nahegestanden habe (wenngleich die zuweilen zu hörende Rede von seiner „Verfemung" die Dinge verdreht)[20]; auch ist die ‚Atriden-Tetralogie' kein Werk, das sich zu deren Vorstellungen bekennen würde (wenngleich manche Argumentations- und Denkfiguren, die hier vorgetragen werden, den Nationalsozialisten nicht fremd waren). Insofern ist diese Dichtung möglicherweise ganz gut dazu geeignet, über die geschichtliche Aussagekraft von Literatur der dreißiger und vierziger Jahre nachzudenken.

Um den Ruhm dieses Spätlings Hauptmanns ist es einigermaßen merkwürdig bestellt, und das hat möglicherweise etwas mit unserer Frage zu tun: Er wurde – auch von namhaften Kritikern – hoch gepriesen, etwa indem er Hauptmanns „letztes, gewaltiges Werk"[21], „die großartigste tragische Dichtung, die seit Kleist in deutscher Sprache geschrieben wurde"[22], Hauptmanns „wesentliches und testamentarisches Werk"[23], „seine überzeugendste Dichtung in der 'großen Form'"[24] oder – schon etwas gedämpfter – „ein so beziehungs-

---

(16) Walter Muschg: Die Zerstörung der deutschen Literatur, München o. J., S. 7. Empfehlenswert ist die Lektüre von J. P. Stern: Hitler. Der Führer und das Volk, deutsche Ausgabe, München ²1981 (= dtv 1629).
(17) Vgl. Georg Lukács: Die Zerstörung der Vernunft, Berlin 1954.
(18) Vgl. Thomas Mann: Doktor Faustus, Frankfurt/M. 1947.
(19) Der Text liegt als Einzelausgabe vor: G. H.: Die Atriden-Tetralogie, hrsg. v. Hubert Razinger, Berlin 1959; der dritte Teil (‚Elektra') bei Rühle (Hrsg.) (Anm. 10). Eine nützliche Gesamtübersicht findet sich bei Otto C. A. zur Nedden und Karl H. Ruppel: Reclams Schauspielführer, Stuttgart 1958, S. 664–672.
(20) Vgl. H. v. Brescius: Zeitgeschehen und Bewußtsein, Bonn 1976; Boguslaw Drewniak: Das Theater im NS-Staat, Düsseldorf 1983, S. 190–210.
(21) Zur Nedden und Ruppel (Anm. 19), S. 664.
(22) Zur Nedden und Ruppel (Anm. 19), S. 672.
(23) Razinger: Nachwort zur Einzelausgabe (Anm. 19), S. 243.
(24) Rühle (Anm. 10), S. 848.

reiches Werk", die „bewegendste Aussage des greisen Dichters"[25] genannt wurde; die Uraufführungen der beiden Eckstücke am 15. November 1941 in Berlin bzw. am 15. November 1943 in Wien (jeweils zu Hauptmanns Geburtstag!) waren solcher Einschätzung gemäß außerordentlich prominent besetzt: Hermine Körner, Maria Koppenhöfer, Bernhard Minetti, Gustav Knuth und Friedrich Kayßler spielten unter der Regie von Jürgen Fehling, Ewald Balser und Käthe Dorsch unter derjenigen von Lothar Müthel.[26] Wenn auch der teilweise bombastische Stil, zu dem Hauptmann sich gemäß seiner Tragödienkonzeption und seiner Geschichtsauffassung verleiten ließ, heute einigermaßen seltsam berührt und oft mehr ans Rascheln des Papiers als ans Rauschen der Schwingen des Schicksals erinnert, die Fluten von Bildern, die die Phantasie des Autors ausströmen läßt, könnten angesichts des jüngsten Interesses an den faschistischen Bilderwelten[27] wohl zumindest passagenweise die Aufmerksamkeit auf sich ziehen. Hauptmann steht hier in der Tat in nichts Syberberg, Faßbinder oder Zadek nach, wenn er etwa im Eröffnungsstück der Tetralogie, in der ‚Iphigenie in Aulis', den Agamemnon über das Schiff der Hekate berichten läßt, das in der Bucht von Aulis liegt, wo das Griechenheer in dumpfer Raserei seit Wochen bei brütender Hitze auf Wind wartet, um nach Troja zu segeln:

> „Und doch umgibt das Festschiff Aasgeruch.
> Gewölk von Geiern senkt sich darüber her –
> das einzige Gewölk im erznen Himmel –,
> senkt sich und hebt sich, Eingeweide schleifend
> aus krummen Schnäbeln. Sind es menschliche?
> Gerüchte sagen: ja! Gerüchte sprechen
> von einer mehr als Hundertjährigen:
> Wer sie gesehn, will wissen, sie sei weiß,
> in ihres Haares weißen Seidenmantel
> allein gehüllt! Die Augensterne zittern
> blutrot. usw. usw."[28]

Ungehemmt läßt Hauptmann aus seinen Figuren zügellose Phantasmen des Grauens, des Rausches und des Todes aufsteigen (die übrigens den pomphaften Weltbrandmythen der Nationalsozialisten nicht ganz fern sind).[29]
Und dennoch: Trotz diesem Ruhm und trotz der Faszination, die von den Bilder- und Wortkaskaden immerhin ausgehen mag, ist das Stück fast verschollen. Warum? Der Grund scheint mir genau in jenem Bereich zu liegen,

---

(25) Erich Ruprecht: Hauptmanns Atridentetralogie – ein vergessenes Vermächtnis, in: Franz Link und Günter Niggl (Hrsg.): Theatrum Mundi, Berlin 1981, S. 367, 369.
(26) Auch andere Hauptmann-Inszenierungen jener Zeit waren erstklassig besetzt, wie etwa in der Spielzeit 39/40 ‚Ulrich v. Lichtenstein' durch Lothar Müthel mit Ewald Balser und Käthe Dorsch.
(27) Vgl. Saul Friedländer: Kitsch und Kunst. Der Widerschein des Nazismus, München 1984.
(28) Hauptmann (Anm. 19), S. 15.
(29) Vgl. etwa Hans Joachim Gamm: Der braune Kult, Oldenburg 1963; Stern (Anm. 16), S. 77–95; Susan Sontag: Syberbergs Hitler, in: Klaus Eder (Hrsg.): Syberbergs Hitler-Film, München 1980, S. 7–32.

in den auch unsere Frage zielt: Wie sehr trifft dieses Stück die Geschichte? Daß Hauptmann selbst sein letztes Bühnenwerk nicht als ein nur literarisches Dokument, als Variation auf ein altes Thema gelesen haben wollte, ist vielfach belegt [30]; und ähnlich bildet auch der hypostasierte Gegenwartsbezug den mehr oder minder offensichtlichen Mittelpunkt aller Beschäftigung mit diesem Dramenopus, und zwar bemerkenswerterweise auf eine Art, die die spezifische Sicht Hauptmanns verlängert, gleichsam in der Gestalt von Sekundärliteratur weiterdichtet. Eine einzige, symptomatische Äußerung mag das belegen: „In den letzten fünf Jahren [seines Lebens] hatte, im Schatten des Zweiten Weltkrieges konzipiert, die Atridentragödie den Dichter nicht aus ihrem Banne gelassen. [...] Es läßt sich nicht verkennen, daß die ungeheure Verkettung von Hybris, Blutschuld und tragischer Verblendung, dieser unwiderstehliche Sog des Schicksals, dem die Menschen in all ihrem Halbgottwahn rettungslos verfallen, ihre hinreißende dramatische Vergegenwärtigung dem Erleben der Hitler-Zeit und des Hitler-Krieges mitverdanken", heißt es in einer Hauptmann-Darstellung aus dem Jahre 1947.[31] Dem korrespondiert über ein Vierteljahrhundert hinweg 1981 eine – selten gewordene – Bemerkung zum Spätwerk, die zeitsymbolische Bedeutung von Hauptmanns Dichtung liege ausschließlich „im Irrationalen"[32]. In dem Maße nun, in dem eine Affirmation an eine solche Konzeption aus der Distanz problematisch wird, versinkt das Werk in den Fluten des Vergessens.[33] Der einzige nennenswerte Versuch, das Dramenwerk dadurch zu retten, daß der Zeitbezug deutlicher vor Augen geführt wird, scheiterte denn auch notwendig an der manifesten Struktur des Textes: Erwin Piscator bemühte sich 1962 an der Berliner Volksbühne, Hauptmanns Schilderung des Grauens zu entmythisieren, indem er aufzudecken bestrebt war, was Hauptmann symbolisch verdeckte; er stellte die Ungeheuerlichkeiten des Textes als die realen Schrecken des Zweiten Weltkriegs dar. Vergeblich, wie sich zeigte; das Stück kann nicht davon sprechen. Das läßt sich an dem kurzen dritten Teil der Tetralogie, an der einaktigen Tragödie ‚Elektra', genauer studieren [34], auch wenn wichtige Momente der Gesamtkonzeption dabei nicht sichtbar werden [35], vor allem nicht die Opposition zu Goethes humaner Interpretation des Stoffes und die tiefgreifende Umdeutung [36] der Figur der Iphigenie, die bei Hauptmann zu einer Priesterin

---

(30) Vgl. etwa Kurt Lothar Tank: G. Hauptmann, Hamburg 1959, S. 21–27.
(31) C. F. W. Behl: G. Hauptmann und der Nazismus, Berliner Hefte 7 (1947), zit. nach Rühle (Anm. 10), S. 852.
(32) Ruprecht (Anm. 25), S. 368 A 2.
(33) In neueren Literaturgeschichten wird es entweder überhaupt nicht mehr erwähnt (wie etwa bei Horst Albert Glaser [Hrsg.]: Deutsche Literatur. Eine Sozialgeschichte, Bd. 9, Reinbek 1983, oder bei Berg u. a. [Anm. 9]) oder allenfalls en passant (wie etwa bei Koebner [Hrsg.] [Anm. 9], S. 617 f.). Selbst in der einläßlichen Studie von Peter Sprengel: Die Wirklichkeit der Mythen. Untersuchungen zum Werk G. Hauptmanns, Berlin 1982, spielt dieses Spätwerk nur eine marginale Rolle!
(34) Der Text ist bei Rühle (Anm. 10) bequem zugänglich.
(35) Siehe Roy C. Cowen: Hauptmann-Kommentar zum dramatischen Werk, München 1980, S. 240–253, und Ruprecht (Anm. 25).
(36) Vgl. Neville E. Alexander: Studien zum Stilwandel im dramatischen Werk G. Hauptmanns, Stuttgart 1964, S. 110–129; Peter Sprengel: G. Hauptmann. Epoche – Werk – Wirkung, München 1984, S. 247–263.

der Todesgöttin verwandelt wird; auch kann hier nicht über Hauptmanns lebenslange Auseinandersetzung mit dem Problem des Mythos berichtet werden.[37] Hauptmann hat diesen Teil der Tetralogie als letzten, nämlich zwischen dem 6. 10. und 4. 11. 1944, geschrieben, und in gewisser Weise nimmt er darin den versöhnlichen Schluß des vierten Teils („Iphigenie in Delphi'), den er bereits 1940 verfaßt hatte, zurück. Die Hauptmann gewidmete Forschungsliteratur stimmt fast ausnahmslos darin überein, daß die Erfahrung der Kriegsereignisse diese Veränderung mitbewirkt habe. Um so berechtigter sollte die Frage sein, was denn vom geschichtlichen Vorgang hier tatsächlich erscheine.

Daß überhaupt etwas vom geschichtlichen Prozeß im Text auftaucht, wird durch dessen Struktur außerordentlich erschwert, wenn nicht gar unmöglich gemacht. Schon die Wahl des mythischen Stoffes signalisiert, daß es Hauptmann nicht um eine direkt thematische Auseinandersetzung mit den Ereignissen gegangen sein kann, deren Zeuge er war. Die Handlungsstruktur ist über eine Reihe von Gegensätzen ausgespannt, wobei die Elemente, die vom Autor in Opposition gestellt sind, sich sehr schnell als ungleichgewichtig erweisen, so daß die eine Seite notwendig die andere dominiert. Damit verhindert der Autor, daß etwa die psychologischen Motive, auf die er nicht glaubt verzichten zu können, als handlungsbewegend mißverstanden werden könnten. Das macht schon die Bühnenlokalität deutlich. Die Vorgänge spielen sich nämlich in einem Innenraum ab (der auch die Zuschauer umgreift), im verfallenen Demetertempel nahe bei Mykene; es ist der Ort, an dem einst Agamemnon und Kassandra ermordet wurden. (Bei dessen Ausmalung zum 'verrufenen' Ort greift Hauptmann unbedenklich zu Stilmitteln, die seit der Schauerromantik zu diesem Zweck gebraucht werden.) Dieser Höhle gegenüber ist die 'Welt' betont Außenwelt: Nur ein Portal – in der hinteren Bühnenwand! – öffnet sich nach draußen, wo zwar auch nicht Vernunft, aber wenigstens Überlegung herrscht. Durch Erinnerung und Zuspruch wird sie durch Pylades und Aigist immer wieder herbeizitiert; vergeblich, weil der magische Bann, der auf den Gewölben lastet, sich durchsetzt. Dessen Hüterin gleichsam ist die im Tempel hausende irre Elektra; sie zieht die Personen zu diesem Ort des Mordes und der Vergeltung. Diese kommen auch und halten ihr Erscheinen für das Ergebnis des Zufalls (wie Pylades) oder gar der günstigen Fügung (wie Aigist), ehe ihnen dann eine Ahnung aufgeht. – Zwar wird diese Örtlichkeit beziehungsreich ausgestaltet, aber sie dient doch am Ende mehr als theaterwirksame Staffage für eine Opposition der Figuren: auf der einen Seite die Atriden, die unter dem Fluch ihres Geschlechtes stehen, auf der anderen Seite die scheinbar davon nicht Betroffenen, deren vermeintlicher Handlungsspielraum sich schnell als ein Truggebilde erweist, weil jene die Protagonisten sind, die sie in das Gewebe ihrer Zwänge einschießen. Aber auch diese Opposition liegt noch an der Oberfläche; in einer tieferen Schicht geht der Riß des Widerspruchs mitten durch die Figuren hindurch. Zwar versuchen die dramatis personae – mit mehr oder minder Erfolg allerdings –, überlegt, ja sogar politisch-vernünftig zu handeln (so bietet Klytemnästra

---

(37) Vgl. vor allem Sprengel (Anm. 33).

dem Orest die Herrschaft in der Argolis an), aber tiefer – und am Ende alles bestimmend – wütet ihr Dämon, der alle Dämme bricht. Die Akteure sind abgründig gespalten, schizophren:

> *„Elektra:*
> Nennst du mich Gorgo,
> so nennst du, was ich bin und was ich nicht bin,
> mehr aber, was ich bin, als was ich nicht bin."
> (Rühle, S. 659)

So nimmt Elektra am Schluß, nachdem Orest seine Mutter ermordet hat, die neuerliche Bluttat gar nicht mehr wahr; als der Bruder ihr, die zur Tat angestachelt hat, das bluttriefende Mordbeil entgegenhält und verkündet, der Delphische Spruch sei nun erfüllt, fragt sie verständnislos: „Ich weiß nicht, was du meinst! Was ist's mit ihm?" (Rühle, S. 660) Aber selbst damit ist noch nicht die tiefste Schicht erreicht, es ist nämlich noch nicht einmal recht eigentlich der Dämon, der die Handelnden treibt, es sind vielmehr Kräfte, die in größerer Tiefe, jenseits der Personen, angesiedelt werden, chthonische Gewalten, die sie unnennbar und unbegreifbar verzehrend vorwärtspeitschen:

> „[...] eine grause Krankheit gärt in mir,
> die erzner Wille in mich eingepflanzt,
> untrennbar von den Pulsen meines Bluts;
> sie fiebert immer nur das eine Wort
> in grausen Fieberschauern: Rache! Rache!"

erläutert Orest dem Pylades (Rühle, S. 637).
Elektra greift das später auf, wenn sie zu Orest sagt:

> „Im gnadenlosen Dienste der Erinnyen
> steh' ich ganz so wie du. Der Augenblick
> liegt auf uns, schwächer nicht als wie die Faust
> des Allbesiegers Tod." (Rühle, S. 659)

Und Orest schleudert seiner Mutter die Worte entgegen:

> „Ich bin Orest. Fragt man mich, wer ich bin,
> so nenn' ich diesen Namen. Furchtbar heult
> er, von dem Götterwahnsinn ausgeschäumt,
> auf Delphis grausem Herrschersitz, mir zu." (Rühle, S. 659)

Es reden in solchen Ausbrüchen die Gewalten aus den Personen, nicht diese selbst. So sind es nicht die Menschen, die die Handlung, und damit die Geschichte, vorwärtstreiben. Geschichte ist die Manifestation jener Gewalten, die sich der Menschen bedienen, ohne daß diese Widerstand leisteten.
Es liegt offen zutage, daß für eine rationale Frage, was denn der Zweite Weltkrieg historisch bedeute, im Kontext einer solchen literarischen Mythenbildung im Gefolge des Nietzscheschen Tragödienverständnisses kein Platz ist. Daß dieser Krieg ein weltumgreifender Industriekrieg war, nicht nur in dem Sinne, daß das Kriegsgeschehen selbst in einem bis dahin nicht gekannten Ausmaß industrialisiert wurde, sondern auch in dem Sinne, daß die Gesamtgesellschaft als eine industriell formierte Kombattantenstatus erhielt, das schlägt sich in diesem Text so wenig nieder, wie sich die Einsicht in ihn einschreibt, daß mit diesem Krieg Europa endgültig in den Kreis jener Regionen

eingetreten ist, die Objekte der Politik anderer sind. Kein Reflex auf jenen – zumindest bis dahin – unerhörten Widerspruch zwischen einer Rationalisierung der Arbeit und der extrem irrationalen Funktionalisierung dieser Arbeit, dessen Symbol Auschwitz geworden ist, wo der Mord industriell produziert wurde wie anderswo Schuhe oder Autos. Hauptmann findet mit seiner antihumanen Antikenkonzeption (die auf der literarischen Ebene die humane Goethesche ausdrücklich widerruft) die Metapher für ein Geschichtsverständnis, das mit der (vermeintlichen) Rückkehr zum Mythos die Geschichte, alle Geschichte, und damit auch unsere Geschichtlichkeit leugnet, ohne diesen Verlust auch nur mit einem Seufzer zu beklagen. Es bleiben die (Bühnen)Bilder und die (Theater)Mythen immerwährender Gewalt, unbegriffen und unbeherrschbar: Dieser Krieg ist wie jeder Krieg das Werk chthonischer Mächte; Kunst macht das Immergleiche auf dem Grund der wechselnden Ereignisse sichtbar.

Dieses Geschichtsverständnis allerdings formuliert zu haben, könnte gerade die historische Qualität des Spätwerks Hauptmanns ausmachen (und damit die sonderbare Versöhnungshoffnung des Schlußstückes und auch diejenige des merkwürdigen Schlußbildes der ‚Elektra' in ein seltsames Licht rücken). Die Zerstörung der Geschichte, ihre Auflösung im literarischen Mythos wäre damit selbst ein Produkt der Geschichte und Hauptmanns ‚Atriden-Tetralogie' als symptomatisches Produkt der Erfahrung dieser Geschichte wert, in der Literarhistorie verzeichnet zu werden [38], was sich gerade von denjenigen Texten, deren Autoren im Mythos die Geschichte (als Nationalgeschichte) verlängern wollten – wie etwa Curt Langenbeck in seinem Tragischen Drama ‚Das Schwert' [39] oder Eberhard Wolfgang Möller in seinem ‚Das Opfer' [40] –, nicht sagen läßt.

III.

Wenn eine Darstellung der deutschen Literatur in der ersten Hälfte dieses Jahrhunderts ein Kapitel der Literatur der dreißiger und vierziger Jahre widmet, dann bedeutet das unzweideutig, die literarische Produktion dieser Jahre auf die Herrschaft des Nationalsozialismus in Deutschland zu beziehen. Allein unter literarischen Vorzeichen betrachtet, mag das problematisch sein, zum einen weil die Jahre 1933 und 1945 keine grundlegenden literarischen Veränderungen zeitigten (diese bahnten sich eher um 1930 und am Ende der fünfziger Jahre an, und zwar nicht allein in Deutschland, sondern im Gesamtzusammenhang der europäisch-amerikanischen Literatur), zum anderen weil die Nationalsozialisten nichts wirklich Neues in die Welt setzten; die ihnen affirmative wie die ihnen im Exil und im Lande selbst opponierende Litera-

---

(38) Vgl. Uwe-K. Ketelsen: Drittes Reich und unser klassisches Erbe, in: Allemann (Hrsg.) (Anm. 7), S. 255–271.
(39) Curt Langenbeck: Das Schwert, München 1940; charakteristische Textproben daraus und aus über 40 anderen Bühnenwerken dieser Couleur finden sich bei: Uwe-K. Ketelsen: Von heroischem Sein und völkischem Tod. Zur Dramatik des Dritten Reiches, Bonn 1970.
(40) Eberhard Wolfgang Möller: Das Opfer. Spiel in drei Akten, Berlin 1941.

tur reaktivierte – global gesehen – alte Muster; das gilt selbst für das „Thing-Spiel", das man lange Zeit fälschlicherweise als eine charakteristische Ausdrucksform einer „Literatur des Dritten Reichs" angesehen hat.[41] Was diese Jahre auch unter literaturhistorischem Vorzeichen spezifisch macht, ist der Umstand, daß sich allein aufgrund der Tatsache, daß es den nationalsozialistischen Staat gab, die „Politisierung des Geistes" in einem Maße durchsetzte, daß alle literarische Arbeit so oder so auf die Macht bezogen war. Der moderne Staat realisierte seine Mobilisierungskraft, die ihm etwa Ernst Jünger in seinem Essay ‚Der Arbeiter' (1932) zugeschrieben hatte. (Das bedeutet im übrigen nicht, daß die Machtausübung lückenlos, und schon gar nicht, daß sie homogen gewesen wäre!) Diese Erfahrung mußten besonders schmerzlich ausgerechnet jene Emigranten machen, die gerade aus Deutschland geflohen waren, weil sie dieser Politisierung entgehen wollten; auch als Emigranten blieben sie auf die Macht bezogen, die sie verabscheuten (etwa als „enemy alliens"). Im Inland und mit den Hebeln der auswärtigen Politik auch im Ausland halfen die Institutionen des Staates dem noch kräftig nach.[42] Gerade gegen Ende des Krieges, als die Integrationskraft der Ideologie und die Disziplinierungskraft der Apparate nachließen, erwies es sich, wie schnell „Neutralität" gegenüber der Macht subjektiv und objektiv als Opposition gegen deren Mechanismen wirkte.[43]
In der (knappen) literaturwissenschaftlichen Diskussion über die Literatur dieses Zeitraumes ist der ganze komplizierte Zusammenhang sehr häufig in der Weise verkürzt worden, daß unter 'Literatur des Dritten Reichs' eine eindeutige Propagandaliteratur – etwa im Sinne des ‚Horst-Wessel-Liedes' – rangierte; als 'Literatur des Dritten Reichs' wurden jene Literaturprodukte deklariert, die funktional im Dienste des nationalsozialistischen Herrschaftsapparates standen, indem sie dessen Ideologeme und politische Ziele propagierten.[44] Obwohl diesem Komplex – und dabei vor allem der Aktionslyrik –

(41) Vgl. Henning Eichberg: Thing-, Fest- und Weihespiel in Nationalsozialismus, Arbeiterkultur und Olympismus. Zur Geschichte des politischen Verhaltens in der Epoche des Faschismus, in: Henning Eichberg u. a.: Massenspiele: NS-Thingspiel, Arbeiterweihespiel und olympisches Zeremoniell, Stuttgart 1977, S. 19–180.
(42) Hans Dieter Schäfer: Die nationalsozialistische Literatur der jungen Generation im Dritten Reich, in: H. D. Sch.: Das gespaltene Bewußtsein. Deutsche Kultur und Lebenswirklichkeit 1933–1945, Frankfurt/M. ²1981, S. 7–68 (= Ullstein 34178); ders.: Am Rande der Nacht. Moderne Klassik im Dritten Reich. Ein Lesebuch, Frankfurt/M. 1984 (= Ullstein 34212), versucht allerdings eine Gruppe von Schriftstellern (vor allem aus dem ursprünglichen 'Kolonne'-Kreis) zu isolieren, die nicht auf die Realität der Macht zu beziehen seien.
(43) Vgl. z. B. Detlev Peukert: Edelweißpiraten, Meuten, Swing. Jugendsubkultur im Dritten Reich, in: Gerhard Huck (Hrsg.): Sozialgeschichte der Freizeit, Wuppertal 1980, S. 307–327.
(44) Vgl. Albrecht Schöne: Über politische Lyrik im 20. Jahrhundert, Göttingen ³1972; Alexander v. Bormann: Das nationalsozialistische Gemeinschaftslied, in: Denkler/Prümm (Hrsg.) (Anm. 7), S. 353–377; Uwe-K. Ketelsen: Geschichte der politischen Lyrik in Deutschland: Nationalsozialismus und Drittes Reich, in: Walter Hinderer (Hrsg.): Geschichte der politischen Lyrik in Deutschland, Stuttgart 1978, S. 291–314; Elin Fredsted: Die politische Lyrik des deutschen Faschismus, Text & Kontext 8, 1980, S. 353–377; Günter Hartung: Nationalsozialistische Kampflieder (1974), in: Hartung (Anm. 7), S. 199–253.

eine ganze Reihe von Studien gewidmet worden ist, liegt darüber bislang weder eine systematisierende Übersicht vor, noch existieren gar Untersuchungen zu etwaigen Phasenbildungen, unterschiedlichen Strömungen, Fraktionsauseinandersetzungen oder zu divergenten Gebrauchszusammenhängen.[45] Die Studien konzentrieren sich ganz auf die Produktion der 'Jungen Mannschaft' (also der Heinrich Anacker, Herbert Böhme, Baldur v. Schirach oder Gerhart Schumann).
Als Exempel mag hier auf des HJ-Funktionär-Dichters Werner Altendorf ‚Ein junges Volk steht auf' verwiesen werden, das aufgrund seiner Propagierung in der Hitlerjugend fast wie ein Schlager kursierte:

„Ein junges Volk steht auf, zum Sturm bereit!
Reißt die Fahnen höher, Kameraden!
Wir fühlen nahen unsere Zeit,
die Zeit der jungen Soldaten.
Vor uns marschieren mit sturmzerfetzten Fahnen
die toten Helden der jungen Nation,
und über uns die Heldenahnen.
Deutschland, Vaterland, wir kommen schon.

Wir sind nicht Bürger, Bauer, Arbeitsmann,
haut die Schranken doch zusammen, Kameraden,
uns weht nur eine Fahne voran,
die Fahne der jungen Soldaten!
Vor uns marschieren mit sturmzerfetzten Fahnen
die toten Helden der jungen Nation,
und über uns die Heldenahnen.
Deutschland, Vaterland, wir kommen schon!"[46]

In der originalen Fassung von 1935 hat das Lied noch eine dritte Strophe:

„Und welcher Feind auch kommt mit Macht und List,
seid nur ewig treu, ihr Kameraden!
Der Herrgott, der im Himmel ist,
liebt die Treue und die jungen Soldaten."

Dieses Lied stellt in gewisser Weise eine Variante der nationalsozialistischen Agitationslyrik der Jahre vor 1933 dar. Dietrich Eckarts viel zitiertes ‚Sturmlied' und mehr noch das ‚Horst-Wessel-Lied' standen mehr oder minder direkt im Schatten der Elaborate des Hurra-Patriotismus von 1914 im Stile von Heinrich Lerschs ‚Das Heer':

„Stürme vor! stürme vor! du deutscher Infanterist.
Hei, wie dein jauchzender Sturm die feindlichen Reihen zerfrißt."[47]

---

(45) Am ehesten geht noch Hartung in diese Richtung.
(46) Vom wehrhaften Geiste, hrsg. vom Kulturamt der RJF unter Mitwirkung des OKW, o. O. 1940, S. (1).
(47) Heinrich Lersch: Herz! aufglühe dein Blut, 5.–7. Taus., Jena 1916, S. 22; vgl. zu diesem Komplex: Klaus-Peter Philippi: Volk des Zorns. Studien zur 'politischen Mobilmachung', München 1979.

das seinerseits Traditionen der Reimkunst des 19. Jahrhunderts fortführte.[48] Altendorfs Text, den Günter Hartung einer eingehenden Analyse unterzogen hat [49], bildet insofern eine Variante, als er – und darin scheint er symptomatisch zu sein – den aggressiven Eisenbeton der Frühphase nationalsozialistischer Aktionsliteratur etwas mildert; das Lied ist weniger für den Marsch- als für den Laufschritt geschrieben, d. h., es gibt sich geschmeidiger, schneller, 'jünger'. Die Verse differieren in ihrer Länge, die Füllung der Takte fällt für ein Marschlied erstaunlich variabel aus, der Behandlung des Reims kommt nachgerade eine nonchalante Note zu, wenn „Kameraden" auf „Soldaten" und „Nation" auf „schon" klingt.
Ansonsten aber unterscheidet es sich wenig von Produkten vergleichbarer Machart. Das Motiv der Fahne wird nach Art der Zeit verwendet (man denke nur an Baldur v. Schirachs ‚Unsre Fahne', an Heinz Schwitzkes ‚Heil'ge Fahne' oder an Wolfram Brockmeiers ‚Fahne, die sich dir verschrieben' [50]), auch das Motiv der hilfreichen Toten erfreut sich – so traditionell abgedroschen es ist – in unserem Jahrhundert allseitiger Beliebtheit [51]; die thematische Opposition Jugend : Establishment gehörte seit einem halben Jahrhundert zum feststehenden Repertoire der „Zivilisationskritik" [52], und der Traum von der Klassenharmonie bewegte das Bürgertum seit dem 19. Jahrhundert.[53] Etwas arg wird allerdings selbst im Hinblick auf die Standards von nationalsozialistischer Propagandaliteratur hier die Logik strapaziert. Daß die „Kameraden" die Fahnen höher (als wer?) reißen sollen, könnte noch als Aufforderung gelesen werden, sich zusammenzunehmen, aber warum diese Kameraden dann andere sind als die „wir", die das Lied singen, wird kaum klar; die „Heldenahnen" mögen als poetischer Einfall (in Erinnerung an Theodor Körner) passieren, aber daß sie „über" den Singenden marschieren, gibt noch nicht einmal einen makabren Sinn ab; das „doch" in der zweiten Strophe hat schon Hartung auf die Spur einer geradezu Freudschen Fehlleistung gelockt; nachgerade halsbrecherisch liest sich dann die dritte Zeile der zweiten Strophe, wo nur der Melodieakzent auf „eine" den Autor davor bewahrt, den zutreffenden Sachverhalt zu verraten. Aus alledem läßt sich doch wohl nur schließen, daß es auf einen Sinn, der primär im Text selbst zu suchen wäre, ganz offensichtlich bei dieser Art von Literatur gar nicht ankommt.
Und so verhält es sich in der Tat. Auch wenn Propagandaliteratur – jeden-

---

(48) Vgl. DLE, Reihe: Politische Dichtung, Bd. 7: Im Neuen Reich. 1871–1914, Leipzig 1932.
(49) Hartung (Anm. 7), S. 232–240.
(50) Alle in: Wir Mädel singen. Liederbuch des BDM, Wolfenbüttel 1937, S. 88–95.
(51) Vgl. etwa Schöne (Anm. 44), S. 75 f.
(52) Vgl. z. B. Ulrich Linse: Die Jugendkulturbewegung, in: Klaus Vondung (Hrsg.): Das Wilhelminische Bildungsbürgertum, Göttingen 1976, S. 119–137 (= VR 1420); Uwe-K. Ketelsen: 'Die Jugend von Langemarck' – ein poetisch-politisches Motiv der Zwischenkriegszeit, in: Thomas Koebner (Hrsg.): Mit uns zieht die neue Zeit... Der Mythos Jugend zwischen Jahrhundertwende und Drittem Reich, Frankfurt/M. 1985, S. 326–351 (= es NF 1229).
(53) Vgl. etwa Hans-Joachim Lieber: Kulturkritik und Lebensphilosophie, Darmstadt 1974; Kurt Lenk: Volk und Staat. Strukturwandel politischer Ideologien im 19. und 20. Jahrhundert, Stuttgart 1971.

falls diejenige, die anders als die 'Kohlenklau'-Reime, für einen längeren und vielfältigeren Bedarf hergestellt wird – allgemeiner gehalten sein muß: In der politischen Lyrik des Dritten Reichs, vor allem nach 1935, wurde dieser Grundsatz zum Prinzip erhoben. Man sieht das – auch an Altendorfs Text – auf den ersten Blick. Es ist schwer zu sagen, wovon das Lied von sich aus eigentlich spricht; statt Ziele, Vorstellungen, Ideen zu propagieren, entwirft es die dekorative Pose eines kämpferischen Aufbruchs einer Jugend, die aus der Sicht des Sprechenden nur sehr vage besetzt ist. Im Dienste dieser Abstinenz steht auch die locker gefügte Form des Liedes, denn die aggressive Wucht der älteren Marschlieder schloß in ihrer Eigendynamik viel bestimmter die Bürgerkriegssituation ein, als nach 1935 opportun zu sein schien. Texte wie Altendorfs ‚Ein junges Volk steht auf' sind wie Schwämme; sie saugen ihre Bestimmtheit erst aus der Situation, in der sie benutzt werden. Sie sammeln aus einem relativ kleinen Arsenal von Bildern, Vokabeln und Wendungen die obligaten, allesamt feststehenden Reizworte zusammen (Worte wie „Fahne", „Trommel", „Flamme", „Sturm", „Volk", „Gott", „Ahnen" sind im inflationären Gebrauch) und würfeln sie immer wieder kaleidoskopartig zusammen (ob es nun heißt: „Nur der Freiheit gehört unser Leben, laßt die Fahnen dem Wind, einer steht dem andern daneben, aufgeboten wir sind" [Hans Baumann] oder: „Stehn wir auch erst im Morgengrauen, so wissen wir: der Tag bricht an. Dann flammt die Fahne in dem blauen, dem weiten Himmel uns voran" [Wolfram Brockmeier]), es ist eines wie das andere und alle zusammen. Es ist, als variierten sie den einen Urtext. Den Versatzstücken sind Bündel vager Ideologeme konnotiert (hier: Jugend – Establishment; Bewegung – Ordnung; Starre – Zukunft; Treue – Opportunismus), die „ein hohes Maß an faschistischer Disponibilität" [54] garantieren. Erst die Situation, in der die Texte benutzt werden, bestimmt letztlich den Sinn der Worte, gibt den Zeichen mehr als eine vage Bedeutung. 1935 liest sich das Gedicht als eine Selbstsituierung der Hitlerjugend im nationalsozialistischen Machtapparat; das junge Volk, das auch das Jung-Volk ist, steht wie die anderen 'Formationen' der NSDAP bereit, kämpferisch zu realisieren, was ihre, die neue Zeit heraufbringt; d. h., es meldet einen machtpolitischen Anspruch an und wird sich auch vom erzbösen Feind, wer immer das sei, weder durch Macht noch durch List davon abhalten lassen; das Ziel liegt in einem einigermaßen vagen Frontsozialismus, für den die Toten des Bürgerkriegs einstehen (wie etwa Herbert Norkus, der als 15jähriger 1932 in Berlin ums Leben kam und – wie es der Volksbrockhaus von 1941 nannte – zum „Vorbild für den kämpferischen Einsatz der Hitler-Jugend" wurde, oder die Toten des Putschversuchs von 1923. Im Ritual zum 9. November, in welchem die nationalsozialistischen Regisseure die Namen der 1923 beim 'Marsch auf die Feldherrnhalle' ums Leben Gekommenen aufrufen und versammelte HJ-Mitglieder „hier" brüllen ließen, fand dieses Produkt der nationalsozialistischen Ideologieindustrie sein massendramaturgisches Pendant. Es gehört im übrigen zum Kontext solcher Texte und Inszenierungen, in denen die Worte ihren Sinn finden, die anderweitig unverschlüsselten Drohungen mitzulesen; sie sind

---

(54) Hartung (Anm. 7), S. 237.

integrale Bestandteile einer ausdifferenzierten Propaganda. „Jugend soll fröhlich sein, Jugend soll glücklich sein", dekretierte der Reichsjugendführer der NSDAP, Baldur v. Schirach, in einer Rede vom 7. Dezember 1936 aus Anlaß des Gesetzes über die Hitlerjugend vom 1. Dezember 1936, das alle Jugendlichen in Deutschland zur Mitgliedschaft zwang, „aber auch die Jugend, und vor allem die deutsche Jugend, muß die harten Notwendigkeiten der Zeit früh begreifen lernen, um ihren Platz dereinst ausfüllen zu können" [55]. Der Redner wußte natürlich, was das für harte Notwendigkeiten waren und welcher Platz „dereinst" auszufüllen sein werde; spätestens im Herbst 1939 wußten es dann alle. Jetzt bekam Altendorfs Lied einen neuen Kontext und damit einen varianten Sinn. Ende 1940 veröffentlichte die Reichsjugendführung zusammen mit dem OKW einen bibliophilen(!) Band von Gedichten unter dem Titel ‚Vom wehrhaften Geist' aus der Feder von literarisch 'anspruchsvollen' Propagandasängern, u. a. von Will Vesper, Herbert Böhme, Joseph Magnus Wehner, Agnes Miegel, Baldur v. Schirach, Ina Seidel, Heinz Schwitzke, Eberhard Wolfgang Möller, wie überhaupt der Band in Ausstattung und Auswahl sehr betont um den Eindruck bemüht war, 'Kunst' zu verbreiten. – Damit aber kein Leser auf die falsche Spur gerät, eröffnet der neue Reichsjugendführer Artur Axmann die Sammlung – die übrigens v. Schirach gewidmet ist – mit einem knappen Vorwort, in dem es heißt: „Die in diesem Band gesammelten Gedichte sind ein Dokument der Gegenwart. Sie sind der Ausdruck der Haltung des Erlebens und der Stimmung in dieser Zeit und wollen als solche gewertet sein." [56] Daran lassen die gesammelten Poeme auch keinen Zweifel, so wenn gleich im zweiten Text Agnes Miegel verkündet, eigentlich habe man Deutschlands Jugend nach dem Ersten Weltkrieg „Tief in Frieden, Leben und Arbeit vollendend/ Allen zum Beispiel" wissen wollen. „Aber", so fährt sie fort, „das Schicksal/Unseres Volkes [...] warf wieder die Stäbe / In dem eheren Streithelm." Und im darauf folgenden Text verkündet der Reichsdramaturg Rainer Schlösser unter dem Titel ‚31. August 1939': „So kostbar ist kein Leben jetzt, um nicht im Feld zu enden."

In diesem Zusammenhang – und dazu noch pointiert am Kopf – steht also 1940 Altendorfs Text, allerdings mit einer vielleicht nicht beiläufigen Veränderung: Die dritte Strophe ist gestrichen. Diese Auslassung wird wohl nicht nur ästhetische Gründe gehabt haben (wenngleich die eliminierten Zeilen – gemessen am Maßstab der übrigen – in der Tat die schwächsten sind); es mag auch inhaltliche Gründe geben. Noch waren die deutschen Truppen ja siegreich, so daß für die Defensivhaltung der ersten beiden Zeilen der gestrichenen Strophe kein rechter Anlaß bestand; und daß der „Herrgott" junge Soldaten „liebe", hätte manchen Leser vielleicht doch bitter als Wahrheit erkennen und das aufbrechende junge Volk als den Totenzug sehen lassen, der er dann nur zu bald wurde. Auf jeden Fall aber geht die Luther-Assoziation nach der Streichung verloren.

(55) Baldur v. Schirach: Der politische Weg der HJ, in: B. v. Sch.: Revolution der Erziehung, München 1938, S. 39 f.
(56) Siehe Anm. 46.

Diese Änderung und der neue Kontext erlauben eine veränderte Lesart des Textes; 1940 dachte wohl kaum jemand zuerst an Norkus und andere Opfer des Bürgerkriegs, wenn von den „toten Helden der jungen Nation" die Rede war. Da lag die „Jugend von Langemarck", um die sich HJ und Wehrmacht (allerdings nicht ohne Schwierigkeiten) propagandistisch in den dreißiger Jahren intensiv bemüht hatten, entschieden näher, wie überhaupt – trotz der 'innenpolitischen' Richtung der zweiten Strophe – die Außenwendung der Bewegung des Textes jetzt stärker wird. Dazu dürfte auch die Streichung der letzten Strophe nicht unwesentlich beitragen; ohne die Konkurrenz der Luther-Reminiszenz treten nun die Anleihen bei Theodor Körner noch deutlicher hervor. Die erste Zeile zitiert fast wörtlich Körners „Das Volk steht auf, der Sturm bricht los" vom 17. August 1813, und der Refrain partizipiert bis hin zu den verunglückten „Heldenahnen" an einer Idee Körners, in seinem Gedicht ‚Aufruf‘, die 1810 gestorbene Königin Luise von Preußen und den 1806 bei Saalfeld getöteten Prinzen Louis Ferdinand vor dem alliierten Heer gegen Frankreich fliegen zu lassen (was allerdings auch 1813 schon nicht mehr unbedingt originell war):

> „Luise, schwebe segnend um den Gatten!
> Geist unsers Ferdinand, voran dem Zug!
> Und all die deutschen freien Heldenschatten
> Mit uns, mit uns, und unsrer Fahnen Flug!" [57]

Weder Altendorfs Tonfall noch sein Gedanke (wenn es denn einer ist) blieben, wie wir wissen, auf die Literatur beschränkt. Die Worte wechselten von einem Redegenre zum anderen, trugen ihr (allerdings etwas gezaustes) poetisches flair in die offene Propagandarede und brachten von dort jeweils aktuelle Semantisierungen zurück in die Texte wie jene Körnersche Formel vom aufstehenden Volk. Bekanntlich ließ Goebbels seine berühmte Sportpalast-Rede vom 18. Februar 1943, in der er die Niederlage von Stalingrad massenpsychologisch zu neutralisieren versuchte, in der 'Parole' gipfeln und enden: „Nun Volk steh auf und Sturm brich los!" Im Durchhalte-Film ‚Kolberg‘ (nach der Vorlage von Werner Deubels Drama ‚Die letzte Festung‘) spielt diese Formel ihre Rolle, und noch dem letzten militärischen Aufgebot des Staates, dem 'Volkssturm', lieh sie ein poetisches Mäntelchen. Auch die Formel vom Heer der Toten konnte die Mauern zwischen den Diskursen durchwandern und mit der Ordnung des Diskurses die Möglichkeit des Redens insgesamt zerstören. So bemühte etwa der HJ-Schriftsteller Friedrich Wilhelm Hymmen 1942 in seiner (fiktiven?) Zusammenstellung ‚Briefe an eine Trauernde‘ auch sie. Ein Briefschreiber teilt einer Frau den Fronttod ihres Mannes mit; aus diesem Anlaß stellt er allerlei Betrachtungen ‚Vom Sinn des Soldatentodes‘ an und räsonniert in kaum faßbarem Zynismus u. a. „Die Toten sind unsere mächtigsten Verbündeten, unschlagbar, das Letzte von uns Lebenden for-

---

(57) Theodor Körner: Aufruf, zit. nach Karl Otto Conrady (Hrsg.): Das große deutsche Gedichtbuch, Kronberg 1977, S. 400. Zu einem Element aus diesem 'Mythenfeld' aus der preußischen Reformzeit siehe: Wulf Wülfing: Die heilige Luise von Preußen. Zur Mythisierung einer Figur der Geschichte in der deutschen Literatur des 19. Jahrhunderts, in: Jürgen Link und Wulf Wülfing (Hrsg.): Bewegung und Stillstand in Metaphern und Mythen, Stuttgart 1984, S. 233–275.

dernd. Eine solche Armee der Seelen muß jene Armee des Materials und der dumpfen seelenlosen Masse unweigerlich bezwingen, und an diesem Siege können Sie [also die Kriegerwitwe; d. Verf.] sich doppelt freuen, denn er ist sein [also des getöteten Mannes; d. Verf.] Werk und das seiner Brüder, die mit ihm diese Erde so leibhaftig und endgültig in Besitz genommen haben."[58] Hier könnte u. a. auch ein möglicher Effekt dieser Propaganda zumindest für Leser in der bildungsbürgerlichen Tradition liegen: Wohin sie kommen, welche Erfahrungen sie auch machen, und seien es die extremsten: Die Worte sind schon da, in welchen Redezusammenhängen auch immer. Sie saugen die Bedeutungen auf, ohne doch eindeutige Bezeichnungsfunktionen zu bekommen. Sie stiften 'tiefere' Bedeutungen, über denen die naheliegenden unaussprechbar bleiben. Vielleicht wäre auch hier einer der vielen Gründe zu suchen, warum es nach 1945 so schwierig war, über das Vergangene zu reden.

IV.

Der Ausdruck 'Literatur des Dritten Reichs' hat immer auch die Funktion gehabt, etwas als unliebsam Erachtetes auszugrenzen; seit 1945 geriert die 'Literatur des Dritten Reichs' als die Literatur der anderen; die Bestimmung, was darunter zu verstehen sei, wird in erster Linie per Negation aus der je eigenen Position abgeleitet. Damit ist das Interesse daran sehr eingeschränkt, und eine Notwendigkeit, die Grenzen näher zu bestimmen, ergibt sich kaum; moralische Urteile und sehr vage ästhetische Wertschätzungen reichen völlig aus, um dieses Abgrenzungsbedürfnis zu befriedigen. Ebensowenig besteht ein Bedarf nach internen Differenzierungen. Was einmal ausgesondert ist, erscheint nicht mehr neben irgendwie – etwa unter dem bequemen Rubrum 'Innere Emigration' – 'Gerettetem' im gemeinsamen Rahmen (etwa Josef Weinhebers ‚Zwischen Göttern und Dämonen' mit Ernst Jüngers ‚Auf den Marmorklippen'); epochale Gemeinsamkeiten in Themenstellungen, schriftstellerischen Verfahren, ästhetischen Vorstellungen oder literarischen Reaktionen auf Zeitkonstellationen werden nur dann bemerkt, wenn sie die Bemühungen, die wünschenswerten Grenzen zu ziehen, unangenehm berühren (so etwa, wenn man bemerkt, daß auch in Hans Henny Jahnns frühem Drama ‚Pastor Ephraim Magnus' jene „Körperpanzer" geschmiedet werden, die ansonsten die Phantasieprodukte faschistischer Männer gegen alle Gefahren des Heteronomen schützen).[59] Jenseits der jeweiligen Demarkationslinie liegt alles Land in grauem Nebel.
Das läßt sich selbst noch im Hinblick auf den politischen Charakter dieser Literatur zeigen. Wer nämlich unter 'Literatur des Dritten Reichs' nichts als Propagandaliteratur im Stile von Werner Altendorfs ‚Ein junges Volk steht auf' verstehen mag, wird kaum zu erklären wissen, warum die Nationalsozialisten gerade auf kulturpolitischem Gebiet einen so großen Erfolg hatten.

---

(58) Friedrich Wilhelm Hymmen: Briefe an eine Trauernde. Vom Sinn des Soldatentods, Stuttgart 1942, S. 23.
(59) Vgl. Klaus Theweleit: Männerphantasien, Reinbek ²1980 (rororo 7299/7300); Georges Bataille: Die politische Struktur des Faschismus, München 1978.

Zugespitzt könnte man das Argument eher umdrehen und sagen: Sie hatten ihn trotz Produkten im Stile Altendorfs. Dieser kulturpolitische Erfolg war sogar ein außerordentlich wichtiger Bestandteil ihres Erfolges überhaupt, denn der Nationalsozialismus bildete nicht allein eine politische, er stellte auch eine kulturelle Bewegung dar, und in weiten Teilen des Bildungsbürgertums dieses möglicherweise sogar mehr als jenes (wenn denn seine Angehörigen in der Tiefe ihres Herzens – wie Thomas Mann das in einem seiner politisch wichtigsten Bücher, in seinen ‚Betrachtungen eines Unpolitischen', 1918 weitschweifig, aber eindringlich darstellte – Politik und Kultur überhaupt trennen wollten).

So lassen die 'Feuersprüche' anläßlich der Bücherverbrennungen am 10. Mai 1933 deutlich hervortreten, was zumindest die Studenten bewegte, wenn sie ihre Aggressionen gegen die Tendenzen ihrer Zeit (wie sie sie verstanden) in Worte faßten; sie hatten – und nicht nur wegen des 'kulturellen' Anlasses – allesamt eine kulturell-ideologische Stoßrichtung: „Gegen Klassenkampf und Materialismus", „Gegen Dekadenz und moralischen Verfall", „Gegen Gesinnungslumperei und politischen Verrat", „Gegen seelenzerfasernde Überschätzung des Trieblebens", „Gegen Verfälschung unserer Geschichte", „Gegen volksfremden Journalismus demokratisch-jüdischer Prägung", „Gegen literarischen Verrat am Soldaten des Weltkrieges", „Gegen dünkelhafte Verhunzung der deutschen Sprache", „Gegen Frechheit und Anmaßung".[60] Da geht es nicht nur gegen Bücher und ihre Verfasser, es geht gegen eine ganze Mentalität. Das Auditorium Maximum der Universität Göttingen barst am 10. Mai 1933 unter dem Ansturm der Studenten und mußte wegen Überfüllung geschlossen werden, als der Germanist Gerhard Fricke – laut Zeitungsbericht – das zu den Sätzen zusammenfaßte: „Das Ziel der Zivilisationsliteratur war es, den deutschen Geist hemmungslos dem Franzosentum und Amerikanismus einzugliedern. Die Einheitspreisproduktion der Remarque, Zweig, Tucholsky und Emil Ludwig hat mit Kultur nichts zu tun. Überall im deutschen Volk zeigt sich dagegen neue Kraft."[61] Damit sind die Stichworte geliefert: Zivilisationskritik, Franzosentum, Amerikanismus, Einheitspreisproduktion – dagegen das eine Glanz- und Zauberwort: deutsche Kultur!

Fricke formulierte damit durchaus nicht seine privaten Idiosynkrasien; mit seiner Teilnahme an der Bücherverbrennung half er, in die Tat umzusetzen, was in großen Teilen des Bildungsbürgertums – und vor allem, insofern es um die Institutionen traditioneller Bildungsproduktion geschart war – auf weite Strecken allgemeine Meinung war. Diese artikulierte etwa der Germanist Friedrich von der Leyen in seiner umfangreichen Darstellung der neuesten Literatur, wo er ausschweifend bewegte Klage führte über den nach seiner Meinung erbärmlichen Zustand des literarischen Lebens auf allen seinen Ebenen. Er bewertet den Zustand als ein Produkt des Zerfalls von Lebensformen

---

(60) Zur Bücherverbrennung vor allem Walberer (Hrsg.) (Anm. 6) und Sauder (Hrsg.) (Anm. 6). Irmfried Hiebel u. Alfred Klein: Signal zur totalen geistigen Mobilmachung. Motive und Folgen der Bücherverbrennung vom 10. Mai 1933. Weimarer Beiträge 29, 1983, S. 798–830.

(61) Göttinger Zeitung vom 11. Mai 1933 ‚Wider den undeutschen Geist', zit. bei Sauder (Anm. 6), S. 193.

überhaupt. Der Leser kann das Buch aufschlagen, wo er will, eine laute Jeremiade schallt ihm entgegen:

„Der Buchhandel leidet recht schwer unter der wirtschaftlichen Not der Zeit, alsdann unter der Verflachung, Zerstreuung und Verrohung, die Kino, Sport, Auto, Rundfunk und Revue über uns bringen, schließlich unter den neuen Formen der Buchverbreitung, unter den Buchgemeinschaften – ihre Gefolgschaft zählt nun nach Hunderttausenden. Es wird ganz neuer geistiger Energien bedürfen, wenn sich der Buchhandel im Kampf gegen diese Amerikanismen behaupten will. [...] Der Gedanke [...] nun in hunderttausenden von deutschen Bücherschränken immer die gleichen Halblederbände zu wissen, ist unbehaglich: diese Uniformierung und Typisierung des Geistigen geht zu weit. [...] Für unsere Zeitschriften ist auch die Amerikanisierung bezeichnend, das illustrierte Blatt und das Magazin, beide folgen einem Vorbild, der Revue. Sie sind die schlimmsten Feinde jeder Sammlung, Vertiefung, jeder Sachlichkeit und jedes Ernstes – ein möglichst buntes Durcheinander aller Aktualitäten und Sensationen, aller Eintagsaufregungen, mit stärkster Betonung von Mode, Sport und Erotik, mit geflissentlicher Unterdrückung alles Wesentlichen [...]. Wollen wir von diesen Ausartungen des Amerikanismus uns frei machen, so müßten wir ihnen den deutschen Geist in seiner besten Verkörperung in einigen führenden Zeitschriften geschlossen gegenüberstellen." [62]

Auf der Suche nach Lichtblicken in diesen Finsternissen des Modernismus stößt von der Leyen – der die Politisierung des Geistes nicht müde wird als eines der Erzübel seiner Gegenwart zu brandmarken – auf Hans Grimms Roman ‚Volk ohne Raum', in dem „das tiefe, bittere, ganze Erleben der deutschen Not" „seinen Weg in die Kunst" gefunden habe [63], und auf Hans Friedrich Bluncks Prosawerke, die eine überreiche Phantasie auszeichne sowie ein Vermögen, die Vergangenheit, die elementaren Geister der Sage und den Zauber der Landschaft zu beleben.[64] Damit ist – auch auf der ästhetischen Ebene – angedeutet, wo Rettung zu finden wäre: in der Tradition. Zugleich wird aber auch deutlich, wie ästhetischen Werturteilen politische Bedeutung zukommt.

Erwin Guido Kolbenheyer, der sich schon in der Weimarer Republik als einer der führenden rechten Schriftsteller hervorgetan und u. a. in der Sektion für Dichtkunst in der Preußischen Akademie der Künste eifernd deren Position vertreten hatte, wurde durch keine akademische Vornehmheit bei der Freisetzung der Aggressionen gebremst, die in solche ästhetische Urteile eingeschlossen waren: Die nach seiner Meinung zu konstatierende Selbstentfremdung der Deutschen sei, so verkündete er 1931 in einer seiner kulturpolitischen Verlautbarungen,

„die Folge des veräußerlichten Wirtschaftsgeistes und einer artfeindlichen Literatur und Publizistik der letzten fünfzig Jahre. [...] Der arteigene Lebenswert der deutschen Ehe, der deutschen Familie, des deutschen Gemeinschaftslebens, längst angetastet

---

(62) Friedrich von der Leyen: Deutsche Dichtung in neuer Zeit, Jena ²1927, S. 406 f.
(63) Anm. 62, S. 409.
(64) Anm. 62, S. 408; vgl. auch Karl Otto Conrady: Unkunst und Undeutsches. Kurze Erinnerung an völkisch-nationale Urteile über deutsche Dramatik im 20. Jahrhundert, in: Hans Dietrich Irmscher und Werner Keller (Hrsg.): Drama und Theater im 20. Jahrhundert. Festschrift für Walter Hinck, Göttingen 1983, S. 268–280.

und besudelt, war [...] allem Hohn und jeglicher Verachtung preisgegeben. Theater, Roman und Lyrik konnten sich nicht genug tun an Exzessen eines Intellektes, der die Herrschaft über das niedergeworfene deutsche Volk schon ergreifen zu können vermeinte. [...] Die Lästerer und Zersetzer des deutschen Wesens haben zu früh frohlockt. [...] Wir stehen an einer Wende, die nicht nur politische Zeichen gibt. [...] Die Welt wird neu erfahren, daß unser Volk kein Spielball ihrer Launen ist." [65]

Angesichts solcher mentalitätsspezifischen Abwehr erfahrener Realität war es nur konsequent, daß nach 1933 die neue Situation kulturpolitisch als aufgehobene Entfremdung dargestellt werden mußte. Alles, was das Bewußtsein von Modernität leugnete, was eine Einheit von Bewußtsein und Realität, von ästhetischem Entwurf und Welt, von literarischem Ausdruck und kultureller Tradition behauptete, bekam somit eine politische Dimension: „Der deutsche Dichter ist heimgekehrt zu seinem Volk. [...] Das Volk aber erkennt sich wieder in seiner Dichtung." [66] Nun war dieser alte Traum des konservativen Bildungsbürgertums, den Thomas Mann einst mit der Formel von der „machtgeschützten Innerlichkeit" beschrieben hatte, allerdings nicht einfach fortzuräumen. Bereits Thomas Mann hatte ja energisch über manche Praktiken hinwegsehen müssen, mit denen der Wilhelminische Staat über die ungestörte Ruhe der in ihre Innenräume versenkten Kulturbürger wachte (immerhin war ein Mann wie Oskar Panizza – um nur diesen einen zu nennen – um seiner Ruhestörungen willen für ein Jahr ins Gefängnis gesteckt worden). Mittlerweile richteten betuliche Redeweisen im Stile bildungsbürgerlicher Staatszuversicht nichts mehr aus; der Feind, der (um noch einmal Altendorf zu zitieren) jetzt mit Macht und List die Ruhe des Bewußtseins störte, war mächtiger geworden; er war die Realität selbst. Der Schriftsteller Friedrich Bodenreuth etwa, der sich zum dichterischen Sprecher der Sudetendeutschen aufwarf, mußte zu stärkeren Formulierungen greifen; auf dem 'Großdeutschen Dichtertreffen' 1938 in Weimar rief er seinen versammelten „Kameraden" die Parole zu: „Dichtung und Gegenwart, das heißt Frage und Antwort: Leier und Schwert? – Nein! – Schwert! Um durch das Schwert erst die Leier zu verdienen!" [67]

Vor einem solchen Hintergrund wird deutlich, warum es in den dreißiger und vierziger Jahren ein hohes Lob für einen Schriftsteller bedeuten sollte, wenn über ihn ein Urteil gefällt wurde, das vermuten lassen könnte, es handele sich bei ihm um einen Epigonen aus dem ausgehenden 19. Jahrhundert: Er besitze, so heißt es etwa über Georg Britting, eine besondere Fähigkeit, „an sogenannten kleinen Ereignissen [...] die Weltmächte aufzuzeigen und die Verflechtung des Einzelschicksals mit dem Weltganzen darzustellen. [...] Mit dem Zauberstab des echten Dichters verwandelt er alles, indem er es erzählt und nicht betrachterisch umschreibt oder gefühlsmäßig zerglie-

---

(65) Erwin Guido Kolbenheyer: Die Wende, in: E. G. K.: Gesammelte Werke, Bd. 8, München (1941), S. 537 f.
(66) Arno Mulot: Die deutsche Dichtung unserer Zeit, Stuttgart ²1944, S. 574.
(67) Friedrich Bodenreuth: Die deutsche Dichtung und die Gegenwart, in: Weimarer Reden des Großdeutschen Dichtertreffens 1938, Hamburg 1939, S. 80. Allerdings konnte die NS-Propaganda doch nicht ganz von der Formel „Leier und Schwert" lassen, vor allem während des Krieges nicht.

dert."⁶⁸ Es ist selbstverständlich problematisch, auch hier wieder auf einen einzigen Text hinzuweisen, der für die Variationsbreite eines ganzen Jahrzehnts stehen soll und nur mit Mühe exemplarisch für das Gesamtwerk des Autors eintreten könnte. Aber Georg Brittings kleine Erzählung ‚Der Sturz in die Wolfsschlucht' ⁶⁹ markiert vielleicht doch etwas Charakteristisches dieser Literatur, auch wenn sie nicht die ganze Breite in sich faßt.
Diese Geschichte ist in der Tat von jener geschickten Schlichtheit, die man am Erzähler Britting rühmt. Sie wird von einem erlebenden Ich aus der distanzierten Rückschau erzählt; die Distanz kann so groß werden, daß der Erzähler eine 'personale' Erzählposition einnimmt oder auch als 'auktorialer' Kommentator seines eigenen Kinder-Ichs auftritt. Überschauende Gelassenheit kennzeichnet seine Grundhaltung. Schon die Eingangssätze markieren sie: „Eine kleine Gehstunde vor der Stadt dämmerte waldbeschattet die Wolfsschlucht, ein Felsenkeller, in dem eine Brauerei ihr Bier lagerte. Ob sie diesem Zweck auch heute noch dient, weiß ich nicht." ⁷⁰ Die Distanz kann aber auch so klein werden, daß der sich erinnernde Ich-Erzähler auf dem dramatischen Höhepunkt des Geschehens in das einst erlebende Ich hineinschlüpft und den Leser seine damalige Empfindung als einen 'stream of consciousness' vergegenwärtigt. Die dominierende Distanz ruhig erzählenden Arrangements und die – zuweilen gar 'behagliche' Gelassenheit im Stile des 'humorigen' Erzählens des 19. Jahrhunderts demonstrierende – Überlegenheit der Darbietung dämpfen die Dramatik der Handlung so sehr, daß sie dem Leser kaum wirklich bewußt wird. Im nachhinein mag es sogar scheinen, daß recht eigentlich sie das Thema der Erzählung abgebe und nicht die erzählten Vorfälle. Woher allerdings diese 'Weisheit' des Erzählens stammt, wie aus dem erlebenden Ich das erzählende wurde, bleibt unerörtert.
Es gehört zur kunstvollen Simplizität der Geschichte, daß 'Fabel' und 'histoire' strikt parallel laufen: Vor der Stadt befindet sich in der bereits erwähnten Felsenschlucht ein Bierlokal; als Kind mußte der Erzähler im Sommer oft mit seinen Eltern dorthin Sonntagsspaziergänge machen; so auch an jenem Tag, an welchem das erzählte Ereignis sich begab. Der Knabe langweilt sich bei den Erwachsenen, auch beunruhigt ihn eine für den Montag anstehende Mathematikarbeit; so stromert er durch die Gegend, immer still besorgt, wie er sich das Schicksal hinsichtlich der Klassenarbeit günstig stimmen könne. Da kommt ihm der unmännliche Gedanke, er könne seiner Mutter einen Strauß Glockenblumen pflücken und durch eine solche „Handlung der Selbstüberwindung und zärtlichen Sohnesliebe" das Schicksal positiv beeinflussen. Als er dem allerdings durch eine männliche Tat eine ganz

---

(68) Langer (Anm. 9), S. 149; zu diesem „Dichter"bild vgl. Karl Otto Conrady: Gegen die Mystifikation der Dichtung und des Dichters, in: K. O. C.: Literatur und Germanistik als Herausforderung, Frankfurt/M. 1974, S. 97–124.
(69) Georg Britting: Der Sturz in die Wolfsschlucht, in: G. B.: Gesamtausgabe in Einzelbänden: Erzählungen 1937–1940, München 1959, S. 16–29; auch in: G. B.: Der Eisläufer. Erzählungen, Stuttgart 1971, S. 36–47 (= RUB 7829). Nach dieser Ausgabe wird zitiert. Zu Britting insgesamt vgl. Dietrich Bode: Georg Britting, Geschichte seines Werkes, Stuttgart 1962.
(70) Britting (Anm. 69), S. 36.

und gar zwingende Note geben will, indem er einen Büschel von Blumen zu erreichen sucht, der weit über die Kante der Schlucht hinaushängt, da stürzt er plötzlich ab. Nur die dämpfende Krone eines breiten Baumes und die gepolsterte Schulter eines gerade vom Biertisch aufstehenden Soldaten bewahren ihn vor dem Schlimmsten. Mit dem Wagen wird er nach Hause gefahren, hat aber noch eine weitere Gefahr zu bestehen, als das Pferd, das den Wagen zieht, vor der Straßenbahn scheut, die sich die Stadt mehr aus Großmannssucht denn aus Notwendigkeit zugelegt hat. Vor einem Sattlergeschäft, in dessen Schaufenster ein ausgestopfter Gaul steht, kommt das Pferd dann zum Halt. Ein Arzt stellt fest, daß nichts Ernsthaftes passiert sei; nur ein Ellenbogen ist gebrochen, so daß er in Gips muß. Damit ist die Klassenarbeit überstanden und der männliche Wagemut hat sich – wenn auch anders als gedacht – am Ende doch gelohnt. Die gepflückten Blumen (die eine gute Frau nachgebracht hatte) verdorrten am Krankenbett, aber der Arm erstarkte „unter den stürmischen Heilkräften der Jugend" von neuem und würde sich bald wieder brauchen lassen wie eh und je.

Die erzählte Welt ist klein und überschaubar. Alles hat seinen Platz; die Menschen handeln, wie sie sollen und wie es ihnen zukommt. Die Männer wie Männer, die Frauen wie Frauen, die Mädchen wie Mädchen und die Pferde wie Pferde. Die Sätze haben ihre Ordnung, die Worte ihren Sinn, daran ist nichts zu deuten, sie bedeuten, was sie bedeuten. Was mitzuteilen ist, teilen sie mit, da gibt es nichts zu 'zergliedern'.

Selbstverständlich ist es außerordentlich problematisch, einen einzelnen Text mit generalisierenden Bemerkungen zu belasten – aber das vorgestellte Britting-Stück zeigt doch Züge, die nicht nur es allein charakterisieren. Mithin ließe sich fragen, was diese Weise des Erzählens überhaupt erlaubt, an Welt, an zeitgleicher Realität zu thematisieren. Nicht für umsonst erinnert sich der Erzähler an eine Zeit zurück, von der er nicht weiß, ob sie noch Spuren in der Gegenwart hinterlassen habe. Es wird aus einer alten Welt erzählt, und das Neue, die technische Neuerung, taucht nur marginal unter den Motiven der Erzählwelt in Gestalt der neumodischen Straßenbahn auf, die – wie der Erzähler sagt – eigentlich überflüssig ist und nur Verwirrung stiftet. Dieser Verwirrung wird sogleich die bedrohliche Spitze genommen, nicht nur, indem sie humorig aufgelöst wird (das durchgegangene Pferd stutzt vor einem ausgestopften Artgenossen im Schaufenster des Sattlers), sondern auch, indem das ganze Geschehen beruhigend ins traditionelle Erfahrungsfeld zurückgeführt wird. Mit ästhetischen Mitteln wird ein Stück 19. Jahrhundert zurückbeschworen. Erzählweise und Motivik korrespondieren so und treffen sich im selben Ziel. Dieses konsequente Ausblenden von Gegenwart, von Zeitwissen, mit Hilfe von Erzählstil und Thematik teilt Brittings ‚Der Sturz in die Wolfsschlucht' mit vieler Literatur, die in den dreißiger und vierziger Jahren in Deutschland geschrieben wurde.

Das Verfahren, den literarischen, besser den 'dichterischen' Diskurs in dieser Weise zu begrenzen, ja sogar einzuschränken, entspringt einer bewußt verfolgten Vorstellung von 'Dichtung'.[71] Denn eng – so gibt der Erzähler dem

---

(71) Vgl. in exemplarischer Hinsicht eine Studie von Hans Ulrich Seeber zur Ver-

Leser zu verstehen, und er tut das mit einigem Geschick, ja sogar mit Meisterschaft – eng ist die erzählte Welt nicht, sie ist der Raum des Lebens. Blindlings geht der Junge durch die Gefahren, ohne sie recht zu bemerken; „die stürmische Heilkraft der Jugend" (und das ist fast das einzige ausdeutende Wort, das der Erzähler sich erlaubt) bewahrt ihn vor dem Schlimmsten. Die Erwachsenen (die Eltern, der Kutscher, der Straßenbahnkondukteur und am Ende auch der erwachsene Erzähler) zeigen schon etwas mehr Bänglichkeit, weil sie die Gefahren des Lebens sehen, die den Kindern eher als ein aufregendes Abenteuer vorkommen. Aber schließlich geht, zumindest hier, alles gut. Das ist doch etwas anderes als ‚Berlin Alexanderplatz' oder gar ‚Flüchtlingsgespräche'. Da läßt sich schon – 1971! – schwärmen, Britting nehme „unter der kleinen Zahl echter Dichter, die unsere Zeit kennt", eine Sonderstellung ein, denn: Er bedurfte nicht „schaler Ironie oder zuchtloser Assoziation", um seinem Schreiben Wirklichkeit zu erschleichen: Er bewahrte jene „Einheit von Dichter und Wirklichkeit, die aller Dichtung zugrunde liegt" [72].

Man griffe zu kurz, hierin nur – noch dazu ein beliebiges – Geschmacksurteil zu sehen, das sich einer bestimmten literarischen Tradition verpflichtet zeigt. Hier manifestiert sich (in seiner wahren Pointe auch eher als Negation denn als positives Bekenntnis zu etwas) auf dem Felde der Literatur ein Habitus, der weit mehr als nur literarisch ist: Er umfaßt den Gesamtzusammenhang einer Kultur, eben im Kern der bildungsbürgerlichen. Anders wäre die Aggressivität der Debatte auch gar nicht zu verstehen. Die Bekundungen Frickes und von der Leyens lassen das in aller Klarheit deutlich werden: Kino und Sport, Verkehr und Revue markieren ihnen – und zwar mit Recht – Apperzeptionsweisen und damit am Ende auch Lebensformen, die bildungsbürgerlichen (wie – nach von der Leyen – Sammlung, Vertiefung, Sachlichkeit, Ernst) diametral entgegenstehen.[73] Sie sind Ausdruck anderer Lebenswelten (der industrialisierten Urbanität) wie am Ende auch anderer sozialer Formationen (etwa derjenigen, die Siegfried Kracauer „Angestellte" oder Ernst Jünger „Arbeiter" nannte). Die Ironie der Situation lag allerdings gerade darin, daß das Dritte Reich von 'Kraft durch Freude' bis zum Sportpalastspektakel ausgerechnet diejenigen Lebensformen förderte, gegen die Front gemacht wurde.

Nun wäre es – wie gesagt – ganz sicherlich ungerecht, die Spannbreite der während jener Jahre in Deutschland geschriebenen Literatur auf das Maß von Britting einzuengen (es lag z. T. erheblich darunter), das würde auch dem Faschismus nahestehende Autoren verkennen, die ja gerade das 'Moderne' auch literarisch gestalten wollten (wobei man sich allerdings fragen muß, warum im Vergleich zur Architektur, zum Film, teilweise auch zu den darstellenden Künsten, die Literatur so eklatant hinter ihrem Ziel zurück-

---

wendung technischer Motive in der englischen Lyrik des 19. Jahrhunderts: Der Ballonaufstieg als Spektakel und Metapher. Zur Assimilierung neuen Wissens in die englische Versdichtung des 19. Jahrhunderts, in: Link/Wülfing (Anm. 57), S. 165–200.
(72) Armin Mohler: Nachwort zu: G. B.: Der Eisläufer (Anm. 69), S. 59–64.
(73) Vgl. Pierre Bourdieu: Die feinen Unterschiede. Kritik der gesellschaftlichen Urteilskraft, Frankfurt/M. ³1984, bes. S. 277–354.

blieb, während Autoren, denen man einiges hätte zutrauen können (wie Benn oder Jünger), wenig schrieben).[74]

V.

Am 24. März 1934 wurden Juden (d. h. wen die Nationalsozialisten dazu erklärten) auch formell (allerdings mit wirtschaftlich opportunistischen Ausnahmen) aus den Fachkammern der Reichskulturkammer ausgeschlossen. Damit war ihnen der 'arische', d. h. der allgemeine, Buchmarkt verschlossen. Spätestens seit dem nimmt auch die Germanistik – von einigen wenigen Ausnahmen abgesehen [75] – die von den solcherweise als 'artfremd' Deklarierten in den dreißiger Jahren in Deutschland geschriebene und vertriebene Literatur nicht mehr zur Kenntnis.

---

(74) Auch darf man nicht den Fehler begehen, die deutsche Produktion jener Jahre an europäischen Standards faschistischer Literatur zu messen. Selbst in der schlechten deutschen Übersetzung bläst ein Roman wie Louis-Ferdinand Célines ‚Voyage au bout de la nuit' (‚Reise ans Ende der Nacht', rororo 1021) einen Autor wie Britting aus den Regesten der Literatur.
(75) Dazu zählen vor allem: Volker Dahm: Das jüdische Buch im Dritten Reich, 2 Bde., Frankfurt/M. 1979; Bernd Witte (Hrsg.): Ludwig Strauss, Dichter und Germanist. Eine Gedenkschrift, Aachen (Selbstverl.) 1982; Marbacher Magazin 25, 1983: In den Katakomben. Jüdische Verlage in Deutschland 1933–1938, bearb. v. Ingrid Belke.

Jost Hermand

Zur deutschen Exilliteratur zwischen 1933 und 1950

I. Exilliteratur als Konglomerat resignierend-eskapistischer, kulturbewußt-humanistischer und aktiv-antifaschistischer Strömungen

Im Jahr 1933 kam es zu einer Emigrationswelle, deren Ausmaß selbst in der deutschen Geschichte, in der es viele solcher Emigrationswellen gegeben hat, ohne Beispiel ist. Während es im Zeitalter der Französischen Revolution, der Metternichschen Restauration, der Nachmärz-Ära und der Jahre der Sozialistengesetze nur einzelne oder kleine Gruppen waren, die sich der drohenden Verhaftung durch die Flucht ins Ausland zu entziehen suchten, waren nach dem Machtantritt der Nazis in Deutschland 400 000 bis 500 000 Menschen aus rassischen oder politischen Gründen der Gefahr ausgesetzt, in den Internierungslagern der neuen Machthaber zu verschwinden oder täglichen Repressalien ausgesetzt zu sein. Am meisten hatten die Kommunisten und die Juden zu befürchten. Aber auch viele der 'Sozis', der Linksintellektuellen und 'Asphaltliteraten' fühlten sich plötzlich bedroht und sahen sich nach Zufluchtsstätten um. Doch selbst die Flucht ins Ausland schien ihnen keine hundertprozentige Gewähr zu bieten, mit dem Leben davonzukommen. Schließlich hatte Joseph Goebbels all jene, die sich dem angekündigten Jüngsten Gericht über alles 'Undeutsche' entzögen, als „Kadaver auf Urlaub" bezeichnet, die man bis ans Ende der Welt verfolgen werde.

Eine so verstörte, terrorisierte und ideologisch disparate Flüchtlingsgruppe konnte sich nicht sofort zu einer „humanistischen" oder „antifaschistischen" Front zusammenschließen, wie nach 1945 gern behauptet wurde.[1] Was in den ersten Wochen des Exils vorherrschte, war weitgehend die Vereinzelung, die Zerklüftung, das allgemeine Chaos, da weder die Linksengagierten noch die sogenannten 'Unpolitischen' einen solchen Gang der Ereignisse vorhergesehen hatten. Im Februar/März 1933 stand für die meisten erst einmal das nackte Überleben und nicht irgendeine gemeinsame Aktion im Vordergrund. Im Rückblick auf diese Zeit schrieb Wolf Franck 1935 in seinem ‚Führer durch die deutsche Emigration' erbittert: „Emigrant und Emigrant, das war von Anfang an nicht dasselbe. Die Geschäftsleute wollten nichts von den Politikern wissen, die Sozialdemokraten nichts von den Kommunisten, die mit Beziehungen Versehenen nichts von den Hilflos-Fremden und die Reichen schon gar nichts von ihren armen Schicksalsgenossen."[2] Ja, in Lion Feuchtwangers Roman ‚Exil' hieß es noch 1940 kurz und bündig: „Die deutsche Emigration war zerklüfteter als jede andere."[3] Wohl den besten Be-

---
(1) Vgl. Walter A. Berendsohn: Die humanistische Front, Zürich 1946, S. 70 ff.
(2) Wolf Franck: Führer durch die deutsche Emigration, Paris 1935, S. 17.
(3) Lion Feuchtwanger: Exil, Amsterdam 1940, S. 151.

weis für diese innere Zerrissenheit bieten die Titel der späteren Autobiographien dieser 'Hitler-Flüchtlinge', wie sie damals hießen, die vom Streitbaren und Saloppen über das Elegische und Sentimentale bis zum Religiösen und Pessimistischen reichen. Dafür sprechen Formulierungen wie ‚Streitbares Leben', ‚Vom tätigen Leben', ‚Ein Mensch fällt aus Deutschland', ‚Sehnsucht nach dem Kurfürstendamm', ‚Gestohlenes Leben', ‚Dunkle Jahre', ‚Schicksalsreise', ‚Einsames Leben', ‚Flugsand', ‚Odyssee', ‚Aus gutem Hause', ‚Du Land der Liebe', ‚Alte, unnennbare Tage', ‚Meines Vaters Haus', ‚Heimkehr in die Fremde', ‚Heimkehr zu Gott' oder ‚Der verlorene Sohn'.

Und diese Zerklüftung ist auch der Grund, warum sich die Literaturwissenschaftler bis heute nicht auf einen zusammenfassenden Begriff für die im Exil entstandene Literatur einigen konnten. Je nach ideologischer Ausrichtung hat man von 'Emigranten', 'Exilierten', 'Vertriebenen' oder 'Flüchtlingen' gesprochen. Die eher unpolitisch Orientierten gebrauchten meist den Begriff 'Emigranten'. Die antifaschistischen Aktivisten bevorzugten dagegen Begriffe wie 'Verstoßene' oder 'Verbannte'. In ihren Ohren klang das Wort „Emigrant" zu sehr nach „freiwilligem Auswanderer", wie schon Bertolt Brecht in seinem Gedicht ‚Über die Bezeichnung Emigranten' erklärt hatte.[4] Es ist daher problematisch, unter politischer Perspektive einfach von 'Exilliteratur' zu sprechen. Auf ihr Engagement hin überprüft, haben nämlich Thomas Mann und Bertolt Brecht, Franz Werfel und Lion Feuchtwanger, Alfred Döblin und Anna Seghers, Max Hermann-Neiße und Erich Weinert, Richard Beer-Hofmann und Johannes R. Becher kaum Gemeinsamkeiten. Daß sie alle Anti-Nazis waren, reichte als Solidarisierungsbasis nicht aus. Ja, es gab sogar mitten im Exil zweifelhafte Gestalten wie Bernard von Brentano und Ernst Glaeser[5], die sich selbst in diesem Punkt nicht ganz eindeutig verhielten. Nicht minder ambivalent klingen jene beschämenden Erklärungen vom Herbst 1933, mit denen sich Alfred Döblin, Stefan Zweig und Thomas Mann vom Verdacht antifaschistischer Tätigkeit zu reinigen versuchten.

Wie soll man also diese Exilliteratur, bei der entschiedenes Engagement neben kleinmütigem Verzagen, nobelster Heroismus neben persönlicher Unzulänglichkeit steht, in bestimmte Richtungen gliedern? Gab es hier überhaupt klar erkennbare Gruppen – oder war das Ganze nur ein Chaos von Einzelstimmen? Schon die Exilierten selber haben solche Einteilungen vorgenommen und von streitbarer sowie resignierender Literatur gesprochen. Wohl der beste Gliederungsversuch dieser Art findet sich bei Alfred Döblin, der die verschiedenen Exilautoren konservativen, humanistisch-bürgerlichen und geistrevolutionären Strömungen zuzuordnen versuchte.[6] Eine solche Gliederung ist nicht unzutreffend, läßt aber keinen Raum für marxistische Autoren wie Willi Bredel, Anna Seghers, Friedrich Wolf, Erich Weinert, Johannes R. Becher oder Bertolt Brecht. Teilen wir daher im folgenden die Exilautoren einmal nach dem Grad ihres politischen Engagements gegen

---

(4) Bertolt Brecht: Gesammelte Werke, Frankfurt/M. 1967, 9, 718.
(5) Vgl. F. C. Weiskopf: Unter fremden Himmeln, Berlin 1948, S. 16 f.
(6) Vgl. Matthias Wegner: Exil und Literatur, Frankfurt/M. 1967, S. 27.

das Dritte Reich, das ihre Ausbürgerung verursachte, in resignierend-eskapistische, kulturbewußt-humanistische und aktiv-antifaschistische Gruppen ein. Die erste Gruppe wirkt besonders heterogen. Eskapistisch kann man aus den verschiedensten Gründen sein: 1. weil man resigniert, 2. weil man schon vorher unpolitisch war, 3. weil man plötzlich im Zionismus oder im Schoß der katholischen Kirche eine neue Heimat findet. Zu denen, die das Schwert sinken ließen, da sie im Dritten Reich eine perfekte Verwirklichung ältester deutscher Spießersehnsüchte erblickten, gehörte Kurt Tucholsky, der schon am 4. März 1933 an seinen Freund Walter Hasenclever schrieb: „Man kann für eine Majorität kämpfen, die von einer tyrannischen Minorität unterdrückt wird. Man kann aber nicht einem Volk das Gegenteil von dem predigen, was es in seiner Mehrheit will (auch die Juden)." Seine Konsequenz daraus war, überhaupt nicht mehr zu schreiben und sich ganz auf sich selbst zurückzuziehen. Andere Autoren dieser Gruppe fuhren in ihren Werken da fort, wo man sie 1933 aus ihren poetischen Innenräumen gerissen hatte (Richard Beer-Hofmann, Albrecht Schaeffer) oder verloren sich in düstere Lamentationen über die schicksalhaft verhängte Dunkelheit des Exils (Else Lasker-Schüler, Max Hermann-Neisse). Zu den religiös Angewandelten, die sich in die neue Heimat des Glaubens zurückzogen, gehörten vor allem ältere Expressionisten wie Alfred Döblin und Franz Werfel, bei denen diese Tendenz allerdings schon vor der Flucht ins Exil latent vorhanden war.
Einen ebenso unpolitischen Charakter – jedenfalls in ihren Anfängen – hatte die zweite Gruppe: die der neuen 'Weimaraner' oder humanistischen Verteidiger der Kultur. Sie setzte sich weitgehend aus gut- oder bestbürgerlichen Autoren zusammen, die in eine vornehme Reserviertheit emigrierten und als Ort ihres 'Exilismus' Länder wie die Schweiz, Schweden oder Holland bevorzugten. Sie beriefen sich gern auf den Mythos vom 'Land der Dichter und Denker' und vertraten die These, daß eine gute Kunst stets die beste Politik sei. Höchst bezeichnend dafür ist die Rede, die Robert Musil 1935 in Paris auf dem Ersten Schriftstellerkongreß zur 'Verteidigung der Kultur' gehalten hat und die in ihrer Apologie des Apolitischen geradezu rührend klingt.[7] Ja, selbst Thomas Mann wärmte 1937 in seinem Vortrag ‚Richard Wagner und der Ring der Nibelungen' noch einmal seine alten Thesen aus den ‚Betrachtungen eines Unpolitischen' auf. „Der deutsche Geist", hieß es hier, „ist sozial und politisch wesentlich uninteressiert, im Tiefsten (und das Werk der Kunst kommt am tiefsten her; man darf es als maßgebend anerkennen) ist diese Sphäre ihm fremd."[8]
Ähnliche Äußerungen finden sich in weiten Berichten der sogenannten Bildungsaristokratie, die, wie Heinrich Mann schrieb, 1933 von den Nazis im „gesitteten Zustand der Wehrlosigkeit" überrumpelt wurde.[9] So gab etwa Ludwig Marcuse später ganz offen zu, daß er damals vom „politischen Tuten und Blasen keine Ahnung" gehabt habe.[10] Max Brod gestand, sich noch kurz

(7) Robert Musil: Tagebücher, Aphorismen, Essays und Reden. Hrsg. von Adolf Frisé, Hamburg 1955, S. 899–902.
(8) Thomas Mann: Adel des Geistes, Berlin (Ost) 1956, S. 434.
(9) Heinrich Mann: Politische Essays, Frankfurt/M. 1968, S. 150.
(10) Ludwig Marcuse: Mein 20. Jahrhundert, München 1960, S. 244.

vor 1933 als Vertreter „einer kommenden Ära des Weltbürgertums" vorgekommen zu sein.[11] Ja, Klaus Mann erklärte, als die Nazi-Diktatur vorüber war, in ungerechter Übertreibung: „Die Majorität 'unserer Emigration' bestand eben doch aus braven Bürgern, die sich in erster Linie als 'gute Deutsche', erst in zweiter Linie als Juden und zu allerletzt, oder überhaupt nicht, als Antifaschisten empfanden."[12]
Wie unpolitisch die Gesinnung dieser wohlsituierten Bildungsbürger war, zeigt sich am deutlichsten in ihrer Einstellung dem Faschismus gegenüber. Gerade die feinsinnigsten Literaten reagierten in diesem Punkte oft rein affekthaft. Ohne tiefere Einsicht in die historischen, sozialen oder ökonomischen Dimensionen dieses Phänomens sahen sie in Hitler vor allem den Dämon, die Gestalt aus dem Nichts, der auf unerforschliche Weise ganz Deutschland über Nacht in die finstere Barbarei gestürzt habe. So sagte der Philosoph Ernst Cassirer, als habe es in Deutschland nie einen Präfaschismus gegeben, allen Ernstes zu Henry Pachter: „This Hitler is an error of history; he does not belong in German history at all."[13] Wenn daher diese Kreise von den Nazis sprachen, blieben sie meist im Bereich des Unpolitisch-Metaphorischen, das heißt Dämonischen, Krankhaften, Teuflischen und Wahnsinnigen befangen. Walter A. Berendsohn sprach von „rohestem Unmenschentum"[14], Ludwig Marcuse von „Pestgegend"[15], Oskar Maria Graf von „viehischer Hitlerbarbarei"[16] und Klaus Mann von „Hölle", „degoutantem Schwindel" oder „schauerlicher Heimkehr in Nacht und Tod"[17].
In sich selbst sahen sie dagegen die Vertreter der Tradition, des Humanismus, der kosmopolitischen Haltung Goethes oder des kantschen Idealismus, wofür diese Kreise gern die Formel des 'anderen Deutschland' gebrauchten.[18] „Wo ich bin, ist die deutsche Kultur", soll Thomas Mann damals ohne jede Ironie gesagt haben.[19] Wohl das berühmteste Dokument dieser Gesinnung ist sein Roman ‚Lotte in Weimar' (1939), der an Goethe gerade das Restaurative und Bildungsaristokratische betont. Ohne jeden Hinweis auf die progressiven Elemente seiner Werke wird hier Goethe vornehmlich als großes Individuum herausgestellt, das sich mit herablassender Ironie über den nationalen Schwindel der Befreiungskriege mokiert und eine altständische Ordnung mit weltbürgerlichem Überbau propagiert. Selbst in diesem Roman ist die Essenz des 'anderen Deutschland' noch immer die nach innen gekehrte Persönlichkeit, worin sich zwar ein kulturelles, aber kein eigentlich politisches Gegenbild zum Deutschland der Nazis manifestiert.

---

(11) Zit. in: Verbannung. Hrsg. von Egon Schwarz und Matthias Wegner, Hamburg 1964, S. 44.
(12) Verbannung (Anm. 11), S. 280.
(13) Zit. in: Henry Pachter: On Being in Exile. In: Salmagundi, Nr. 10/11, 1969/70, S. 17.
(14) Berendsohn (Anm. 1), S. 11.
(15) Verbannung (Anm. 11), S. 25.
(16) Oskar Maria Graf: An manchen Tagen, Frankfurt/M. 1961, S. 20.
(17) Klaus Mann: Der Vulkan, Frankfurt/M. 1961, S. 189, 214 und 370.
(18) Vgl. Herbert Lehnert: Thomas Mann im Exil. In: Germanic Review 38, 1963, S. 277–294.
(19) Zit. in: Heinrich Mann: Ein Zeitalter wird besichtigt, Stockholm 1946, S. 231.

Wirklich 'politischen' Äußerungen begegnet man in den ersten Jahren des Exils nur im aktivistischen Lager. Diese Kreise, die meist nach Prag, Moskau oder Paris emigrierten, forderten auch von der Literatur ein unverkennbares Engagement. So schrieb Brecht schon 1933: „Eine solche Beachtung von seiten des Staates hat kaum je eine Literatur erfahren: Die Verbeugungen der Faschisten bestehen aus Fußtritten. Ich hoffe, daß die deutsche Literatur sich dieser außerordentlichen Aufmerksamkeiten würdig erweisen wird." [20] In den ‚Neuen deutschen Blättern' finden sich im gleichen Jahr Parolen wie „Wer schreibt, handelt", „Wer schweigt, verdammt sich selbst zu sozialer und künstlerischer Unfruchtbarkeit" oder „Schrifttum von Rang kann heute nur antifaschistisch sein" [21]. Ähnliche Töne hört man in der ‚Neuen Weltbühne', der ‚Internationalen Literatur', im ‚Neuen Tagebuch', bei Toller, bei Heinrich Mann, ja selbst bei Joseph Roth, der 1934 erklärte, „Ein Dichter, der heute gegen Hitler und das Dritte Reich nicht kämpfte, ist gewiß ein kleiner, schwacher Mensch und wahrscheinlich auch ein wertloser Dichter." [22] „Nur wenn die Dichtung zu einer Waffe wird", verkündete Ferdinand Bruckner 1939 auf dem New Yorker PEN-Kongreß, um sich von unpolitischen Autoren wie Werfel und Zuckmayer abzusetzen, „kann es einmal zu einem besseren Leben kommen".
Statt also Romane über Pippin den Mittleren oder Melanie die Ausgefallene zu schreiben, wie Kurt Hiller mit einem Seitenblick auf Hermann Kesten und Stefan Zweig schrieb [23], forderten die Aktivisten unter den Exilautoren eine auf dem Prinzip der antifaschistischen Solidarität beruhende Kampfliteratur. Und zwar verfolgten sie dabei zwei Ziele: 1. Werke für den innerdeutschen Widerstand zu schreiben und diese nach Deutschland einzuschmuggeln, 2. den Kampf mit der Goebbelsschen Propagandamaschinerie aufzunehmen und die Welt über die Greueltaten des faschistischen Terrorregimes aufzuklären. Die Möglichkeiten einer solchen Widerstandsliteratur erwiesen sich jedoch als sehr begrenzt. Es gab nur wenige Werke wie die Exil-Anthologie ‚Deutsch für Deutsche' (1935), die als Bändchen der Reclamschen Universalbibliothek getarnten ‚Gedichte' (1938) von Rudolf Leonhard oder ‚Fünf Schwierigkeiten beim Schreiben der Wahrheit' (1935) von Bertolt Brecht, die man unter geschickt gewählten Decktiteln nach Deutschland einschleusen konnte. Anderes, vor allem Gedichte und Satiren, wurde später über den 'Deutschen Freiheitssender' nach Deutschland eingestrahlt. Ähnliche Formen einer solchen Agitprop-Literatur entwickelten sich im Kampf um die Saar (1935), im Spanienkrieg (1936–1939) und an der Ostfront (1941–1945), wo sich Johannes R. Becher, Erich Weinert, Willi Bredel, Friedrich Wolf, Fritz Erpenbeck, Adam Scharrer und andere an der Herstellung von Flugblättern, Rundfunksendungen und 'Kommrüber'-Versen beteiligten.[24]

---

(20) Brecht (Anm. 4), 18, 219.
(21) Zit. in: Hildegard Brenner: Deutsche Literatur im Exil. In: Handbuch der deutschen Gegenwartsliteratur. Hrsg. von Hermann Kunisch, München 1965, S. 370.
(22) Zit. in: Weiskopf (Anm. 5), S. 44.
(23) Kurt Hiller: Profile, Paris 1938, S. 236 f.
(24) Vgl. Damir K. Sebrow: Deutsche Schriftsteller im Kampf gegen den Faschismus 1941/42. In: Weimarer Beiträge, 1963, Sonderheft 2, S. 160–181.

Dem Kampf dieser Aktivisten lagen keine affektbetonten Abwehrreaktionen, sondern meist sozio-ökonomische Analysen des Faschismus zugrunde. So hieß es schon 1933 auf der ersten Seite der ‚Neuen deutschen Blätter': „Viele sehen im Faschismus einen Anachronismus, ein Intermezzo, eine Rückkehr mittelalterlicher Barbarei; andere sprechen von einer Geisteskrankheit der Deutschen oder einer Anomalie. Wir dagegen sehen im Faschismus keine zufällige Form, sondern das organische Produkt des todkranken Kapitalismus." Ihre Aufklärungsarbeit innerhalb der westlichen Demokratien lief darum meist auf die These hinaus, Hitler als einen Handlanger der antikommunistischen, profithungrigen Rüstungsindustrie hinzustellen, der sich der heuchlerischen Phrase einer neuen 'Volksgemeinschaft' nur bediene, um den Linken den Wind aus den Segeln zu nehmen. Im Bereich des Dramas könnte man hier auf Brechts ‚Furcht und Elend des Dritten Reiches' (1938) und ‚Der aufhaltsame Aufstieg des Arturo Ui' (1941) verweisen, denen jedoch eine echte Wirkungschance versagt geblieben ist. Wohl den größten Erfolg innerhalb dieser Werkgruppe hatte der Roman ‚Die Geschwister Oppermann' (1933) von Lion Feuchtwanger, der bereits neun Monate nach seinem Erscheinen eine internationale Auflage von 257 000 Exemplaren erreichte. Ähnlich erfolgreich waren später Bücher wie ‚Die Prüfung' (1935) von Willi Bredel, ‚Die Moorsoldaten' (1935) von Wolfgang Langhoff und ‚Das siebte Kreuz' (1942) von Anna Seghers, in denen die Greuel der faschistischen Konzentrationslager angeprangert wurden.

Andere dieser Aktivisten versuchten in ihren Werken den innerdeutschen Widerstand zum Faschismus zu thematisieren. Zu Anfang hegte man, vor allem auf kommunistischer Seite, in dieser Hinsicht noch große Hoffnungen. In diesem Lager glaubten viele, daß der Faschismus nur von einer kleinen Clique von 'Gangstern' ausgehe und über ein Volk herrsche, das in seiner Mehrheit gegen das neue Regime eingestellt sei. Selbst Heinrich Mann schrieb im Herbst 1933: „In freien Wahlen bekämen die Nationalsozialisten vielleicht noch zwanzig Prozent der Stimmen, die Kommunisten aber sicher mehr als sechzig Prozent." [25] Und zwar setzen die Aktivisten unter den Exilschriftstellern ihre politische Zuversicht meist auf die deutsche Arbeiterschaft, was ein Drama wie ‚Das trojanische Pferd' (1937) von Friedrich Wolf sowie die Romane „... wird mit dem Tode bestraft' (1935) von Heinz Liepmann und ‚Dein unbekannter Bruder' (1937) von Willi Bredel belegen. „Das Bürgertum", erklärte Hans-Albert Walter, einer der besten Kenner dieser Literatur, fehlt in „diesen frühen Widerstandswerken fast ganz" [26]. Sein Widerstand war damals noch recht unbedeutend und formierte sich erst später im Rahmen der Bekennenden Kirche, der 'Weißen Rose', der 'Roten Kapelle', der Bewegung vom 20. Juli und ähnlicher Gruppen.

Wohl die aktivste Phase dieser antifaschistischen Tätigkeit fällt in die Jahre 1935 bis 1938, als sich in Frankreich die Volksfront-Bewegung zu bilden begann und selbst den bisher Unpolitischen allmählich die Augen für den wahren Charakter des Faschismus aufgingen. Schließlich hatten viele der exilier-

---

(25) Heinrich Mann (Anm. 9), S. 125.
(26) Hans-Albert Walter: Das Bild Deutschlands im Exilroman. In: Neue Rundschau, 1966, S. 453.

ten Schriftsteller zwischen 1933 und 1935 recht bittere, wenn nicht gar demütigende Erfahrungen gemacht. Fast in keinem der westlichen Länder waren sie mit offenen Armen aufgenommen worden. Die meisten lebten jahrelang nur mit befristeten Aufenthaltsgenehmigungen, die ständig erneuert werden mußten. Ja, in manchen Fällen war ihnen sogar jede literarische oder öffentliche Tätigkeit untersagt worden. Obendrein hatten sie mit ansehen müssen, wie stark das Prestige Hitlers durch das Konkordat mit dem Papst und die Berliner Olympiade inzwischen gestiegen war. Dazu kamen Erlebnisse wie der Spanienkrieg, das Münchener Abkommen, die Besetzung der Tschechoslowakei und der sogenannte 'Anschluß'. Und so wuchs in vielen das Gefühl, daß der 'Westen' das Vordringen des Faschismus nicht nur widerwillig tolerierte, sondern Hitler bereits als Bundesgenossen im Kampf gegen den Kommunismus vor den eigenen Karren zu spannen versuchte. Im Jahr 1933 hatten nur politisch hellsichtige Köpfe wie Kurt Tucholsky geschrieben: „Dies Regime wird von der ganzen Welt unterstützt, denn es geht gegen die Arbeiter." [27] Doch jetzt erlebten auch Autoren wie Thomas Mann ihr politisches Damaskus. So heißt es in seinem höchst bedeutsamen Aufsatz ‚Dieser Friede' (1938), daß er bisher „nicht Politiker genug" gewesen sei, um die „Nicht-Interventionskomödie zur Begünstigung Francos" und den „Verrat an der tschechoslowakischen Republik" als eine englische „Büberei" zu durchschauen.[28] „Die Angst vor dem Sozialismus und Rußland", erklärte er hier, „bewirke die Selbstaufgabe der Demokratie als geistig-politischer Position" [29]. Auch ihm dämmerte plötzlich, „daß dieses Europa den mehrmals in so greifbare Nähe gerückten Sturz der nationalsozialistischen Diktatur gar nicht wollte". Schon in diesem Aufsatz, und nicht erst unter dem Einfluß des Rooseveltschen „New Deal", stellte darum Thomas Mann die „soziale Demokratie" als das eigentliche Gegenbild zum Faschismus dar.[30]
Doch diese aktiv-antifaschistischen Hoffnungen wurden durch den Hitler-Stalin-Pakt und den Ausbruch des Zweiten Weltkriegs mit einem Schlag zunichte gemacht. Überhaupt begann 1939/40 für viele Hitler-Flüchtlinge eine ganz andere Art von Exil: die Flucht aus Europa und das Asyl in Übersee. Im Gegensatz zu den meisten europäischen Ländern erwiesen sich die USA als besonders gastfrei, ja geradezu aufsaugebereit, was für viele eine Erlösung, aber zugleich eine Existenzkrise bedeutete. Hier hatte man nicht mehr das Gefühl, vorübergehend in ein fremdes Land ausgewichen zu sein, sondern stand plötzlich vor der Frage der gesellschaftlichen „Eingliederung". Denn dieser sogenannte „Schmelztiegel" war gar nicht so „universal", wie Ernst Bloch damals schrieb, sondern recht „amerikanisch" [31]. Hier, wo das Exil objektiv endete, fing es für manche subjektiv erst richtig an. Besonders schwer hatten es in dieser Hinsicht die Linksintellektuellen, die Akademiker oder andere 'zähe Europäer'. So kam sich Brecht in der „billigen Hübschheit" Hollywoods wie „Franz von Assisi im Aquarium" oder „Lenin im Prater"

---

(27) Zit. in: Die neue Weltbühne 32, 1936, Nr. 6, S. 160 f.
(28) Thomas Mann: Zeit und Werk, Berlin (Ost) 1956, S. 788 f.
(29) Thomas Mann (Anm. 28), S. 787.
(30) Thomas Mann (Anm. 28), S. 783 und 826.
(31) Zit. in: Verbannung (Anm. 11), S. 179.

vor.³² Hier sei zwar „Entwicklung", wie er schrieb, „aber nichts, was sich entwickelt" ³³. Doch daneben gab es selbstverständlich breite 'mittelständische' Gruppen, die sich wie Thomas Mann – nach ihren Erfahrungen mit Daladier und Chamberlain – voller Überzeugung zur innen- und außenpolitischen Linie der USA bekannten, da sie in Franklin D. Roosevelt einen überzeugten Antifaschisten und Garanten der sozialen Demokratie erblickten. Diese neue Situation führte zwangsläufig zu einer völlig anderen Einstellung Nazi-Deutschland gegenüber. Durch die Ferne von Europa, den Ausbruch des 'totalen Krieges' und die Meldungen über die Konzentrationslager wurde das Verhältnis zur Politik immer stärker mit emotionalen Elementen durchsetzt. Das Gefühl, selber ein Deutscher zu sein, während alle Welt Hitler-Deutschland haßte und verdammte, verunsicherte damals selbst die sogenannten Pragmatiker. Kein Wunder, daß in diesen Jahren sogar innerhalb der aktiv-antifaschistischen Exilgruppen die Gefahr entstand, die Theorie des 'anderen Deutschland' aufzugeben und ältesten völkerpsychologischen Klischees über das 'deutsche Wesen' anheimzufallen. Obwohl sich auch im US-amerikanischen Exil nur allzu deutlich zeigte, daß Deutschtum allein überhaupt nicht verbindet und sich die einzelnen Exilfraktionen weiterhin erbittert befehdeten, begann man selbst im liberalen bis linken Lager, über das 'Deutsche an sich' zu spekulieren, was nach langen Prozessen des 'Soulsearching' bei vielen zu einer erbitterten Absage an das 'seit eh und je dem Teufel verfallene Vaterland' führte.

Wohl am deutlichsten zeigt sich diese Wendung in der Einstellung zur Kollektivschuldfrage. Ein wichtiger Auslöser all dieser Debatten war der Aufsatz ‚Was soll mit Deutschland geschehen?' (1942) von Emil Ludwig, der früher nachdrücklich von der 'Versailler Schmach' geredet hatte, ja als Beweihräucherer Mussolinis aufgetreten war und plötzlich einen Pauschalhaß auf alles Deutsche propagierte, der sich weitgehend mit den Thesen Henry Morgenthaus und Lord Vansittarts deckte.³⁴ Damit wurde ein Problem angerührt, das alle Exilierten betraf, da die Kollektivschuldfrage zugleich die Frage nach der Rückkehrbereitschaft in sich einschloß. Viele der bürgerlich-humanistischen Autoren stimmten den Thesen Emil Ludwigs zu, ohne zu merken, daß sie damit einem 'Mythos des Volkes' verfielen, der auf dem fatalen Konzept wesenhafter oder nationaler Identitätsschablonen beruht. Lediglich der linke Flügel des Exils, also Autoren wie Bertolt Brecht, Alfred Kantorowicz und Hannah Arendt, traten damals solchen Unterstellungen energisch entgegen.

Von heute aus gesehen waren die profiliertesten Vertreter dieser Kontroverse sicherlich Bertolt Brecht und Thomas Mann. Mann, der noch 1940 in seiner ‚Rede vor dem American Rescue Committee' Hitler als den „Bändiger der Arbeiter" und „Schutzherrn des Kapitals" bezeichnet hatte, der von bestimmten „ökonomischen Interessengruppen" als „natürlicher Bundesgenosse" gegen die „soziale Vervollkommnung der Demokratie" unterstützt werde ³⁵, erlebte

---
(32) Brecht-Chronik. Hrsg. von Klaus Völker, München 1971, S. 92.
(33) Brecht-Chronik (Anm. 32), S. 90.
(34) Vgl. Joachim Radkau: Die Exil-Ideologie vom 'anderen Deutschland' und die Vansittartisten. In: Das Parlament, 1970, 10. Januar, S. 31–48.
(35) Zit. in: Verbannung (Anm. 11), S. 222 f.

gegen Kriegsende – unter dem psychischen Druck der Nazi-Greuel – einen deutlichen Rückfall ins Emotionale, der zu den dämonologischen Spekulationen seines ‚Doktor Faustus' führte. Anstatt wie bisher als Repräsentant des 'anderen Deutschland' die These von der Nachfolge der Weimarer Humanität zu vertreten, identifizierte selbst Mann das deutsche Wesen in steigendem Maße mit romantisch-irrationalen oder schicksalhaft-religiösen Kräften. Nicht Lessing, Goethe, Schiller, Heine, Fontane, sondern das Luthertum, die mystische Spintisiererei, die Romantik, Wagner, Nietzsche erschienen ihm plötzlich als das „Deutsche in Reinkultur", wie es 1945 in seinem berühmten Aufsatz ‚Deutschland und die Deutschen' heißt.[36] Im Sinne ältester Klischees, die bis auf Lagarde, Langbehn, die ‚Betrachtungen eines Unpolitischen', die geistesgeschichtlichen Spekulationen eines Ernst Bertram, Eduard Wechßler und Julius Petersen zurückgehen, setzte er 'deutsch' immer stärker mit brodelnder Tiefe und dämonischer Innerlichkeit gleich. Jenseits aller politischen Kräfte schien ihm im deutschen Geschick „ein Unsegen, ein Fluch, etwas fortwirkend Tragisches" zu walten, dem mit rationalen Mitteln überhaupt nicht beizukommen sei.[37]

Mit dieser Haltung stand Thomas Mann keineswegs allein. Derselbe konservative Mythos des deutschen Wesens findet sich in der ‚Deutschen Novelle' (1945) von Leonhard Frank, die in ihrer Beschränkung auf das Dämonische und Instinkthafte ebenfalls eine dubiose Nähe zur Ideologie der damaligen 'Reichsverweser' verrät. Da es in dieser Geschichte, wie im ‚Doktor Faustus', nur Deutsche, aber keine Industriellen und Arbeiter gibt, fällt es schwer, zwischen Protest und Selbstidentifikation einen klaren Trennungsstrich zu ziehen. Doch selbst die Werke mancher Aktivisten waren nicht frei von solchen Widersprüchen. So bezeichnete auch Johannes R. Becher seine deutsche Abstammung gern als etwas Schicksalhaftes und gebrauchte in seinem Gedicht ‚Deutschland, dein Wille geschehe!' das Abstraktum 'deutsches Wesen' fast wie ein unauslöschliches Siegel. Es nimmt daher nicht wunder, daß der ebenfalls von geistesgeschichtlichen Konzepten herkommende Lukács 1945 Thomas Mann und Becher wegen ihrer Verbundenheit mit dem „besten Deutschtum" als die beiden bedeutendsten Vertreter der deutschen Exilliteratur feierte.[38] Vor allem Becher, schrieb er, mobilisiere aus der „besten deutschen Psyche jene Kräfte, die geeignet sind, einen inneren Sieg über die faschistische Vergiftung zu erringen: Liebe zu Deutschland, Gefühl für die Heimat, für das Glück aller Menschen in ihr"[39]. Bertolt Brecht wurde dagegen von ihm nur am Rande erwähnt.

Dieser Brecht hatte nämlich in dieser Hinsicht ganz andere Vorstellungen. Er dachte auch in solchen Fragen absolut konkret. Ein falscher Nationalismus, der nur den „großen Herren" nütze, war ihm ebenso verhaßt wie ein falscher Kosmopolitismus, der lediglich der Herrschaft der „Monopole" diene.[40] Sein

---

(36) Thomas Mann (Anm. 28), S. 560.
(37) Thomas Mann (Anm. 28), S. 566.
(38) Georg Lukács: Skizze einer Geschichte der neueren deutschen Literatur, Berlin (Ost) 1955, S. 151 f.
(39) Lukács (Anm. 38), S. 152.
(40) Brecht (Anm. 4), 12, 489 und 19, 530.

Verhältnis zu Deutschland war daher weder nostalgisch noch schicksalsumwittert. So pries er zwar 1941 in seinen ‚Flüchtlingsgesprächen' die Schönheit der deutschen Landschaft, ließ aber seinen Arbeiter Kalle verschmitzt hinzufügen: „Ich denke manchmal, was für ein hübsches Land hätten wir, wenn wir es hätten!" [41] Wenn daher Mann oder Becher den „Genius eines ewigen Deutschland" beschworen, rief Brecht sofort nach dem „Speikübel" [42]. Getreu seiner materialistischen Grundauffassung von Politik vermied er im Hinblick auf Deutschland jede Steigerung ins Mythische, Wesenhafte oder gar Volkhaft-Religiöse und stellte das Elend des Dritten Reiches so nackt wie nur möglich dar. In seinem Denken gab es weder Raum für Dämonologie noch für kollektive Scham. Aufgrund dieser Einstellung sah Brecht die Schuldigen an der Nazi-Misere vor allem in den kapitalistischen Drahtziehern und dem mit ihnen liierten Bürgertum. Er war daher empört, als Thomas Mann seine weithallende Stimme in den Dienst der Kollektivschuldthese stellte, und ermahnte ihn in einem Brief vom 1. Dezember 1943, nicht jene 300 000 Widerstandskämpfer zu vergessen, die von den Nazis ermordet worden seien, und auch an jene 200 000 zu denken, die noch immer im KZ säßen. Statt sich zu Pauschalurteilen hinreißen zu lassen, forderte er ihn auf, in aller Klarheit zwischen dem „Hitlerregime und den ihm verbundenen Schichten einerseits und dem deutschen Volke andererseits" zu unterscheiden.[43] Noch erregter wurde er, als er hörte, daß Thomas Mann die Alliierten ermunterte, ganz Deutschland nach dem Krieg einer zehn bis zwanzig Jahre langen „Züchtigung" zu unterwerfen.[44] Brecht sah darin ein beschämendes Zugeständnis an die von der Hearst-Presse lancierte These von der 'Einheit des deutschen Nationalcharakters mit dem Nationalsozialismus'. Doch Thomas Mann beharrte in seinem berühmten Brief an Brecht auf einer „gewissen Gesamthaftung" und behauptete sogar unter Freunden, daß 'Linke' wie Brecht, die ihn zu überreden suchten, zwischen Hitler und Deutschland eine Unterscheidung zu treffen, lediglich Befehle von Moskau ausführten.[45]

Eine neue Phase des Exils ergab sich erst 1945. Doch war sie wirklich so neu? Letztlich zogen die meisten nur die Konsequenz aus ihrer bisherigen Haltung. Die bereits Assimilierten und bürgerlich-unpolitischen Vertreter der Kollektivschuldthese blieben weitgehend in den USA oder gingen in neutrale Länder wie die Schweiz, England und Italien. Andere, wie die zähen, aber enttäuschten 'guten Europäer', lebten weiterhin im Niemandsland der Staatenlosigkeit, da ihnen in Alfred Polgars Worten die Heimat zur Fremde, aber die Fremde nicht zur Heimat geworden war. Die Linken kehrten dagegen fast geschlossen nach Deutschland zurück, und zwar meist in den östlichen Teil. Wohl am härtesten traf die neue Situation liberale Idealisten wie Alfred Döblin oder Klaus Mann, die sich in den westlichen Besatzungszonen politisch betätigen wollten, aber dort auf einen postfaschistischen Haß oder die Skepsis der alliierten Militärbehörden stießen. Der Traum, daß die „alten

---

(41) Brecht (Anm. 4), 14, 1454.
(42) Brecht-Chronik (Anm. 32), S. 105.
(43) Brecht-Chronik (Anm. 32), S. 102.
(44) Brecht-Chronik (Anm. 32), S. 102.
(45) Brecht-Chronik (Anm. 32), S. 104.

Gruppierungen und Gegensätze" zwischen „rechts und links, bürgerlich und proletarisch" nach dem Kriege keine Geltung mehr haben würden, wie Klaus Mann 1939 im ‚Vulkan' geschrieben hatte [46], erwies sich schnell als illusorisch. Döblin zog daraus die Konsequenzen eines zweiten Exils; Klaus Mann nahm sich 1949 das Leben. Schließlich waren der Hitler-Faschismus wie auch der Stalin-Roosevelt-Pakt nur kurzlebige, wenn auch dramatische Episoden im Rahmen größerer Auseinandersetzungen zwischen den sozialistischen und kapitalistischen Ländern gewesen. Schon im Krieg um Korea zeichneten sich 1950 wieder die eigentlichen Fronten ab, die allen im Exil aufgestellten Volksfrontidealen den Boden entzogen.

II. Die Aufnahme der Exilliteratur in den beiden deutschen Staaten nach 1949

Als die drei Siegermächte am 2. August 1945 das Potsdamer Abkommen unterzeichneten, hatten sie für das zukünftige Deutschland noch eine entschieden antifaschistische, antimilitaristische und antimonopolistische Politik im Sinn. Nach dreizehn Jahren grausamster Diktatur eines Bündnisses von mystisch verblendeten Rassenfanatikern und nach Weltbeherrschung strebenden Militärs und Konzernherren deutete sich damit für Deutschland die Möglichkeit eines 'Dritten Weges' zwischen Kapitalismus und Kommunismus an. Doch schon 1947/48 sollte es ganz anders kommen. Der Traum eines im Zeichen von Demokratie *und* Sozialismus wiedervereinigten Deutschlands zerbrach an den Realitäten des Kalten Krieges, der zu einer endgültigen Teilung des bisherigen Reichsverbandes sowie zu einer politischen und ökonomischen Eingliederung der beiden Rumpfdeutschländer in die von den USA beziehungsweise der UdSSR beherrschten Machtblöcke führte.
Kommunistische, sozialistische oder auch antifaschistisch-humanistische Exilautoren wie Johannes R. Becher, Bertolt Brecht, Willi Bredel, Eduard Claudius, Hans Marchwitza, Ludwig Renn, Anna Seghers, Bodo Uhse, Friedrich Wolf und Arnold Zweig gingen darum nach 1945 in die sowjetische Besatzungszone oder die sich aus ihr entwickelnde Deutsche Demokratische Republik, da sie sich von diesem Staat noch am ehesten eine Fortsetzung ihrer bisherigen Politik erhofften. Zugegeben: Manche dieser Exilierten hatten selbst in diesem Staat gewisse Schwierigkeiten bei der Eingewöhnung. Doch aufs Große und Ganze gesehen, wurden sie in der DDR, deren Führungsschicht sich fast ausschließlich aus früheren Widerstandskämpfern und Exilierten zusammensetzte, in jeder Weise gefördert. Im Sinne der älteren Volksfrontideologie betraute man die bisher Exilierten im 'Kulturbund zur demokratischen Erneuerung Deutschlands', im Theaterbetrieb, an der Akademie der Künste sowie an den Universitäten mit wichtigen Aufgaben, ja erhob sie zu moralischen Vorbildern einer durch die Zeitläufte ungebrochenen humanistisch-kritischen oder sozialistischen Gesinnung, was sich in vielen offiziellen Ehrungen, Würdigungen und biographischen Darstellungen niederschlug.

---

(46) Klaus Mann: Der Vulkan, Frankfurt/M. 1961, S. 358.

Überhaupt wurde in der DDR die Exilliteratur anfangs gar nicht als 'Exil'-Literatur, sondern weitgehend als 'Gegenwarts'-Literatur betrachtet, da sie dazu verhalf, diesem Staat – unter Berufung auf die Volksfrontkonzepte der dreißiger Jahre – als einen von der geschichtlichen Entwicklung legitimierten hinzustellen. Dieser Zustand dauerte bis etwa 1960. Erst dann entwickelte sich eine Literatur, die man als DDR-spezifisch bezeichnen kann und welche den Alleingültigkeitsanspruch der Werke eines Johannes R. Becher, Bertolt Brecht, Heinrich Mann, Thomas Mann, Anna Seghers, Friedrich Wolf und Arnold Zweig allmählich in Frage zu stellen begann.

Völlig anders entwickelten sich dagegen die Verhältnisse in jenem westlichen Trizonesien, aus dem im Herbst 1949 die Bundesrepublik Deutschland hervorging. In diesem Lande setzte sich die politische Führungsschicht von Anfang an nicht aus bisherigen Widerstandskämpfern und exilierten Antifaschisten, sondern aus Vertretern jener Inneren Emigration zusammen, die eher rechtsliberalen oder christlich-konservativen Gesinnungen anhingen (und schließlich sogar Kompromisse mit früheren Nazis schlossen). Nicht jenen, die aus Zuchthäusern, Konzentrationslagern oder aus dem Ausland zurückkehrten, wurde hier die Macht übertragen, sondern jenen, welche sich als Repräsentanten des ewig-einen Status quo empfanden und deshalb die Rückkehr zu weimaranisch-kapitalistischen Zuständen als Rückkehr zu normalen, geregelten Zuständen hinstellten. Wenn daher um 1950 in der Bundesrepublik überhaupt auf Widerstand zum Dritten Reich hingewiesen wurde, dann stets auf den bürgerlich-konservativen Widerstand der Kirchen und der Gruppe des 20. Juli, wobei man das Existentielle, Christliche oder Abendländische solcher Gesinnungen gern zur Legitimation 'westlicher Freiheit' gegen jede Form eines 'östlichen Despotismus' heranzog. Indem die Vertreter solcher Ansichten hierbei Braun meist gleich Rot setzten, landeten sie zwangsläufig bei einer Totalitarismustheorie, der nicht nur die Faschisten, sondern auch die linksgerichteten Antifaschisten unter den vom Dritten Reich Exilierten zum Opfer fielen.[47] Und so blieben als Vorbilder schließlich nur jene Vertreter der Inneren Emigration übrig, die den Stolz auf ihre politische und moralische Integrität vor allem aus ihrer strikten Ablehnung jeder Form von Parteilichkeit ableiteten, da sie in Macht und Geist, Kunst und Gesellschaft, ja öffentlicher und privater Existenz von vornherein unversöhnliche Gegensätze erblickten.[48]

Im westdeutschen Literaturbetrieb schlug damit 1949/50 die große Stunde all jener existentialistisch, christlich oder auch fatalistisch orientierten Autoren von Ernst Jünger und Gottfried Benn bis zu Werner Bergengruen und Albrecht Goes, die als Vorbilder der Inneren Emigration hingestellt wurden. Was neben ihnen noch Kurswert behielt, waren vor allem Klassiker der Moderne wie Rainer Maria Rilke und Hugo von Hofmannsthal, politisch ungefährliche 'Avantgardisten' wie Hermann Broch und Robert Musil, ein rein

---

(47) Vgl. hierzu allgemein Alexander von Bormann: Der Kalte Krieg und seine literarischen Auswirkungen. In: Neues Handbuch der Literaturwissenschaft, Bd. 21. Hrsg. von Jost Hermand, Wiesbaden 1979, S. 61–116.

(48) Vgl. Jost Hermand: Die Kultur der Bundesrepublik, Bd. 1. Nachkriegszeit und Restaurationsperiode, München 1986, S. 102–167.

existentiell gesehener Franz Kafka oder die herkömmlichen Repräsentanten der abendländischen Weltliteratur von Homer bis T. S. Eliot. Alle kritischen, antifaschistischen oder gar sozialistischen Autoren wurden dagegen im Zuge des Kalten Krieges aus dem öffentlichen Bewußtsein verdrängt. Und so blieben die Werke von Heinrich Mann, Friedrich Wolf, Anna Seghers, Arnold Zweig und ihrer Gesinnungsgenossen bis 1960 im Adenauer-Deutschland weitgehend unbekannt.[49] Exilrückkehrer wie Alfred Döblin, welche in der Bundesrepublik politisch aktiv werden wollten, gaben ein solches Bemühen schon nach wenigen Jahren wieder auf.[50] Andere, wie Thomas Mann, Carl Zuckmayer und Erich Maria Remarque, zogen es vor, sich in einem neutralen Land wie der Schweiz niederzulassen.

Leichter hatten es in den fünfziger Jahren in der Bundesrepublik nur jene Exilrückkehrer, die sich zu einem rabiaten Antikommunismus à la Arthur Koestler bekannten oder sich widerspruchslos ins 'Unpolitische' zurückzogen. Wer dagegen mit antifaschistischen Tendenzen aufwartete (und mochten diese noch so ehrenwert sein), geriet schnell in eine Abseitslage. Selbst die wenigen publizistischen Aktivitäten, die Walter A. Berendsohn, Richard Drews, Alfred Kantorowicz und Hans Mayer zwischen 1946 und 1948 zugunsten der aus dem Dritten Reich vertriebenen Schriftsteller entfaltet hatten, kamen nach 1949 wieder zum Erliegen. Ja, was noch schlimmer ist, manche der Exilierten gerieten in den folgenden Jahren zusehends in den Geruch, 'linksverdächtig' zu sein, und sahen voller Verbitterung, wie ihre Werke erneut auf einen zwar ungeschriebenen, aber nicht weniger effektiven Index gerieten. Es nimmt deshalb nicht wunder, daß von vielen Exilschriftstellern um 1960 in der Bundesrepublik kaum noch die Rede war. So waren etwa die „zwölf Autoren, die 1933 aus der Preußischen Akademie entfernt worden waren, [in den fünfziger Jahren] ganze zwölfmal in hundertsechzehn westdeutschen Lesebüchern vertreten", schrieben Peter Glotz und Wolfgang Langenbucher 1965 erbittert, „die Nachgerückten dagegen dreihundertvierunddreißigmal"[51]. Obwohl Hanns W. Eppelsheimer schon ab 1948 in der Frankfurter 'Deutschen Bibliothek' eine beachtliche Sammlung deutschsprachiger Exilliteratur zusammengetragen hatte und auch publizistisch auf sie hinzuweisen suchte, wurde diese Literatur bis weit in die sechziger Jahre hinein immer wieder verdrängt, verschwiegen und blieb somit selbst dem studentischen, geschweige denn einem breiteren Publikum weitgehend unbekannt.

Ein neues Verhältnis zur antifaschistischen Exilliteratur trat in der Bundesrepublik erst im Jahr 1961 ein, als durch die Kanzlerkandidatur des ehemaligen Exilierten Willy Brandt, den Eichmann-Prozeß in Jerusalem, das verstärkte Eingreifen vieler Schriftsteller in die Politik und Dramen wie ‚Der Stellvertreter' von Rolf Hochhuth jene immer wieder verdrängte 'Vergan-

(49) Zu jenen Werken der Exilliteratur, die in den fünfziger Jahren in der Bundesrepublik erschienen, vgl. den ‚Exkurs über Exilliteratur' in Franz Schonauers Beitrag ‚Die Prosaliteratur der Bundesrepublik'. In: Neues Handbuch der Literaturwissenschaft, Bd. 21, S. 226–230.
(50) Vgl. Friedhelm Kröll: Der Fall Döblin. In: Nachkriegsliteratur, Bd. 2. Hrsg. von Jost Hermand, Helmut Peitsch und Klaus Scherpe, Berlin (West) 1984, S. 67–78.
(51) Vgl. Versäumte Lektionen. Entwurf eines Lesebuchs. Hrsg. von Peter Glotz und Wolfgang Langenbucher, Gütersloh 1965, S. 12.

genheitsbewältigung' in Gang gesetzt wurde, die zu einer Stärkung der demokratisch-engagierten Kräfte, einer positiveren Ostpolitik, einem Anwachsen der studentischen Opposition und damit einer sich ständig intensivierenden Auseinandersetzung mit Phänomenen wie 'Faschismus' und 'Exil' führte. Nach einer zehnjährigen Periode poetischer Ausflüge ins Abstrakte, Metaphysische, Strukturelle und Existentialistische wurden jetzt auch in der Literatur erneut politische, soziale und ökonomische Fragen auf die Tagesordnung gesetzt, um wieder auf die 'konkreten' Ursachen aller gesellschaftlichen Prozesse hinzuweisen.

Solche Veränderungen innerhalb der Literaturszene riefen selbstverständlich auch eine Reihe von Gegenreaktionen hervor. Von eher konservativ eingestellten Autoren oder Wissenschaftlern wurde daher die Exilerfahrung in den folgenden Jahren gern zu einer 'Existenzmetapher' des Schriftstellers oder modernen Menschen schlechthin verflüchtigt, das heißt als Sinnbild für den existentiellen Ort des massenabgewandten Esoterikers ausgegeben, worin ein ohnmächtiger, blasierter, adornistischer Protest gegen den 'vulgären' Geschmack der Massenmedien zum Ausdruck kommt. Doch, aufs Ganze gesehen, hat diese Richtung [52], die von der Reduktion der Exilerfahrung auf 'allgemein-menschliche' Grundbefindlichkeiten ausgeht, in den sechziger Jahren keine Schule gemacht. Schließlich ließen sich seit 1965 die politisch Bewußteren in der Bundesrepublik nicht mehr mit solchen Abstraktheiten abspeisen, sondern drangen – im Rahmen der allgemeinen Faschismusdebatte – auf eine wesentlich konkretere Definition des Phänomens 'Exil'. Nach fast fünfzehn Jahren eines verschwommenen Existentialismus und Ästhetizismus wurde hierdurch auch die westdeutsche Germanistik endlich mit der Aufgabe konfrontiert, sich in Zukunft relevanteren Aspekten als den Zeit- und Raumproblemen irgendwelcher rein strukturell gesehenen 'Sprachkunstwerke' zu beschäftigen. Und so kam es im Zuge der allgemeinen Aufarbeitung demokratisch-liberaler Traditionen [53] und der sich anbahnenden sozial-liberalen Koalition, die im Jahre 1969 mit der Kanzlerschaft Willy Brandts ihre erste Verwirklichung erlebte, sogar in dieser nur allzu 'deutschen' Wissenschaft zu einer gesellschaftspolitischen Funktionsbestimmung von Literatur, durch die auch die bisher verdrängte antifaschistische Exilliteratur wieder ins Blickfeld dieser Disziplin rückte. Während sich bisher die Auseinandersetzung mit der deutschen Exilliteratur weitgehend in Ländern wie den USA, Schweden, Israel und vor allem der DDR abgespielt hatte, begann jetzt auch eine beachtliche Gruppe westdeutscher Germanisten, wie die Schriftsteller dieser Ära [54], ihre unkritisch-defätistische Haltung zugunsten einer demokratisch-engagierten aufzugeben.

Bei genauerem Zusehen lassen sich in den westdeutschen Publikationen zur

---

(52) Vgl. hierzu Werner Vordtriede: Vorläufige Gedanken zu einer Typologie der Exilliteratur. In: Akzente 15, 1968, S. 556.
(53) Vgl. Gabrielle Bersier, Yvette Brazell und Robert Holub: Reappropriation of the Democratic Bourgeois Heritage. In: Jahrbuch für Internationale Germanistik 11, 1979, H. 2, S. 102–120.
(54) Vgl. Unsere Republik. Politische Statements westdeutscher Autoren. Hrsg. von Alfred Estermann, Jost Hermand und Merle Krueger, Wiesbaden 1980, S. 35 ff. und 320 ff.

Exilliteratur, die seit 1970/71 zu erscheinen begannen, etwa vier Richtungen unterscheiden, die anfänglich durchaus miteinander harmonierten und erst später zu wissenschaftlichen, ja politischen Konfrontationen einzelner Forscher oder ganzer Richtungen führten. Da wäre erst einmal jene Richtung, die sich vornehmlich von stofflichen Interessen leiten ließ und im Laufe der Jahre einen regelrechten Exil-Positivismus begründete, bei dem zwischen Wichtigem und Unwichtigem kaum unterschieden wurde. Die zweite Gruppe stellten jene Exilforscher, deren Hauptziel die moralisch-individuelle Wiedergutmachung war, was oft auf eine verehrende, ja fast hagiographische Haltung hinauslief, die zwar äußerst nobel war, aus der sich jedoch nur selten irgendwelche politischen Einsichten ergaben. Die dritte Gruppe bildeten jene Exilforscher, die sich der empirischen 'Grundforschung' im Sinne Helmut Müsseners widmeten [55], das heißt, die bei der Beschäftigung mit bestimmten Exilautoren nie die Erforschung der spezifisch materiellen Aspekte der damaligen Exilsituation aus dem Auge verloren. Zur vierten Gruppe gehörten schließlich jene Wissenschaftler, die sich mit Phänomenen wie Exil und Exilliteratur nicht nur aus historischen Gründen beschäftigten, sondern sich von ihrem Eintreten für die Antifaschisten unter den Exilautoren zugleich eine Stärkung der demokratischen, linksliberalen oder gar sozialistischen Strömungen innerhalb der Bundesrepublik versprachen und daher – zum Ärger aller positivistisch-orientierten Exilogen – die Exilforschung unmittelbar in die tagespolitischen Auseinandersetzungen hineinzogen. Dafür sprechen vor allem Aufsätze wie ‚Noch immer: Draußen vor der Tür. An der deutschen Exilliteratur könnte die Germanistik den Ausweg aus ihrer Krise probieren' und ‚Emigrantenliteratur und deutsche Germanistik' von Hans-Albert Walter [56], in denen er sich gegen alle „formalistischen, werkimmanenten, ja generell literatur- und kunstautonomen Interpretationsmethoden" wandte und statt dessen eine „synthetische Interpretationsmethode" forderte, die auch den politischen und gesellschaftlichen Voraussetzungen von Literatur gerecht zu werden suche.

In den Jahren zwischen 1970 und 1975, die auch sonst reich an linken und linksliberalen Aktivitäten waren, kam also die westdeutsche Exilforschung endlich zu sich selbst, indem sie den Kern ihrer Aufgabe – nämlich den Rückbezug auf die dahinterliegende politische Situation – erkannte.[57] Was jetzt in

---

(55) Helmut Müssener: Exil in Schweden, München 1974, S. 9 ff.
(56) Hans-Albert Walter: Noch immer: Draußen vor der Tür. In: Frankfurter Rundschau vom 17. 10. 1970, und: Emigrantenliteratur und deutsche Germanistik. In: Colloquia Germanica 3, 1971, S. 314 ff.
(57) Zur damaligen Sicht der Exilliteratur-Forschung vgl. Heinz Ludwig Arnold und Hans-Albert Walter: Die Exilliteratur und ihre Erforschung. In: Akzente, 1973, S. 481–508; Jan Hans und Werner Roeder: Emigrationsforschung. In: Akzente, 1973, S. 580–591; Gerhard Roloff: Die Erforschung der deutschen Exilliteratur, Hamburg 1973; Uwe Schweikert: Notizen zur deutschen Exilliteratur, ihrer Rezeption und Erforschung. In: Neue Rundschau, 1974, S. 489–501; Manfred Durzak: Das Elend der Exilliteratur-Forschung. In: Akzente, 1974, S. 186–188; Charlotte Bernard: Deutsche Exilliteratur in der BRD-Forschung. In: Kürbiskern, 1975, S. 91–100; Sigrid Bock: Zur bürgerlichen Exilforschung. In: Weimarer Beiträge, 1975, H. 4, S. 99–129; Bruno Frei und Lutz Winckler: Zum Stand der Exilliteraturforschung. In: Argument, H. 99, 1976, S. 796–804.

den Vordergrund trat, war also mehr und mehr die Erforschung der konkreten „Ursachen, Bedingungen und Konsequenzen" der Exilliteratur, wie Egon Schwarz 1973 schrieb.[58] Noch einen Schritt weiter ging Lutz Winckler, der in diesen Jahren nur das als Exilliteratur gelten ließ, was sich zwischen 1933 und 1954 als „antifaschistische" Literatur verstanden habe.[59] Sich erst einmal mit einer positivistischen Aufarbeitung der gesamten literarischen Produktion der Exilzeit zu begnügen, erschien solchen, auf einen unmittelbaren Zeitbezug drängenden Wissenschaftlern als bloßer Faktenfetischismus. Als daher im Jahr 1975 das Dritte Internationale Symposium zu Fragen des deutschsprachigen Exils in Wien vorbereitet wurde, kam es zu einem offenen Eklat zwischen diesen beiden Lagern. Und so mußte das Ganze wieder abgeblasen werden.[60]
Wie bekannt, hat sich an dieser Situation seit 1975 einiges geändert. Aufgrund des unablässigen Gegendrucks der konservativen Kräfte sowie des Auseinanderfalls der Studentenbewegung rückte die Exilerfahrung in den westlichen Ländern wieder aus dem Zentrum des germanistischen Interesses. Während die Exilforschung in der DDR gerade in den letzten zehn Jahren, als man diese Literatur immer stärker als historisch gewordene und nicht mehr als gegenwärtige Literatur empfand, beachtliche Fortschritte machte, was sich unter anderem in vielbändigen Forschungsunternehmen wie den Reihen ‚Deutsches Theater im Exil' (1978 ff.) und ‚Kunst und Literatur im antifaschistischen Exil' (1978–1981) niederschlug, hat der politische Elan in der Exilforschung in der Bundesrepublik seitdem merklich nachgelassen und ist einer zunehmenden Verinnerlichungstendenz, ja einer modischen Vernunft- und Aufklärungsaversion gewichen, die durch den Rückzug auf das eigene Ich den Vertretern des Status quo nur allzu deutlich in die Hände arbeitet.[61] Und doch gab es auch in der Bundesrepublik und im westlichen Ausland weiterhin Wissenschaftler, die sich diesem Trend zur Resignation widersetzten und gerade der Exilerfahrung – als einem Extremfall der allgemeinen 'Krisensituation' – einen epochestiftenden Charakter abzugewinnen suchten. Daß sie dabei auf Widerstand stoßen würden, war vorherzusehen. Das wurde etwa auf jener vom PEN-Club veranstalteten 'Tagung über die deutsche Exilliteratur' deutlich, die im September 1980 in Bremen stattfand. Hier traten erstmals Kritiker auf, die vornehmlich nach der ästhetischen Leistung dieser Literatur fragten und sich um ihre politische Gesinnung kaum noch kümmerten.[62] Indem solche Leute einen scharfen Trennungsstrich zwischen privater und öffentlicher Existenz zogen, wärmten sie – gewollt oder ungewollt – jene romantischen Vorstellungen vom Dichter als eines unangepaßten, feinfühligen, in sich versponnenen Außenseiters auf, der sich in einer Welt bürgerlich-

---

(58) Egon Schwarz: Was ist Exilliteratur? In: Exil und Innere Emigration, Bd. 2, Frankfurt/M. 1973, S. 158.
(59) Vgl. Antifaschistische Literatur, Bd. 1. Hrsg. von Lutz Winckler, Kronberg 1977, S. 1–52.
(60) Vgl. Alexander Stephan: Die deutsche Exilliteratur, München 1979, S. 17.
(61) Vgl. Jost Hermand: Jetzt wohin? Thesen zur gegenwärtigen Situation der Germanistik. In: Argument, H. 121, 1980, S. 408–414.
(62) Vgl. Marcel Reich-Ranicki: Exilliteratur – noch immer unbewältigt? In: Frankfurter Allgemeine vom 23. 9. 1980.

platter Philister ohnehin nie zu Hause fühle. Wer jedoch so argumentiert, ist letztlich nicht 'tiefer' oder 'differenzierter', sondern meist nur bequemer, zynischer. Denn bei einer solchen Haltung kann man getrost (oder auch verzweifelt) die Hände in den Schoß legen und sich ideologisch der allbekannten 'Nach-mir-die-Sintflut'-Metaphorik bedienen.

Weisen wir darum zum Schluß lieber auf jene Gruppen hin, die selbst in den letzten zehn Jahren – trotz aller Verdrängungsmanöver – das Phänomen 'Exil' weiterhin in einem ganz konkreten Sinn verstanden haben und es in ihre eigene Geschichtssicht einzubeziehen suchten. Dafür sprechen unter anderem die von Lutz Winckler bei Athenäum herausgegebenen drei Bände ‚Antifaschistische Literatur' (1977–1979), das von Uwe Naumann edierte Jahrbuch für antifaschistische Literatur und Kunst ‚Sammlung' (1978–1982) und der in der Argument-Reihe ‚Literatur im historischen Prozeß' erschienene Band ‚Faschismuskritik und Deutschlandbild im Exilroman' (1981), den Christian Fritsch und Lutz Winckler zusammenstellten. In diesen Bänden wird die antifaschistische Literatur des Exils nach wie vor als eine Literatur herausgestrichen, die in ihrer Frontstellung gegen undemokratisch-faschistoide Kräfte noch immer eine unleugbare Aktualität besitzt. Daß diese Bände überhaupt erscheinen konnten, hängt zum Teil mit den durch die ‚Holocaust'-Serie, den 50. Jahrestag der Machtübergabe an die Nazis und damit auch den 50. Jahrestag der Bücherverbrennung vom 10. Mai 1933 ausgelösten Diskussionen über Faschismus, Judenverfolgung und Exilierung zusammen.[63] Und so haben sich in den letzten Jahren eine Reihe kleinerer, aber auch größerer Verlage erneut der wiederverdrängten Exilliteratur angenommen, was zu einer beachtlichen 'Welle' an Neuausgaben, Nachauflagen und Nachdrucken dieser Literatur geführt hat. Man denke an Reihen wie die ‚Bibliothek der verbrannten Bücher' bei Konkret, die ‚Republikanische Bibliothek' der AutorenEdition, die Reihe ‚Exilliteratur' bei Gerstenberg, die Kraus-Reprints der Exilzeitschriften, die Werkausgaben von Hermann Kesten, Irmgard Keun und Walter Mehring sowie den Rummel um die Werke von Klaus Mann, der durch den ‚Mephisto'-Film verursacht wurde. Von Hans-Albert Walters Diktum, daß die Exilliteratur in der Bundesrepublik ‚Draußen vor der Tür' geblieben sei [64], muß man daher, wie Uwe Naumann jüngst schrieb [65], im Hinblick auf das heutige Bücherangebot wohl Abschied nehmen. Doch ist die Exilliteratur durch diesen Mini-Boom, der zum Teil rein marktstrategische Ursachen hatte, wirklich integriert worden? Wurde sie nicht dadurch einfach kooptiert – und dann wieder zu den Akten gelegt? Was müßte deshalb im Bereich von Lehre und Publizistik heute geschehen, um eine solche Chance, nämlich dieser Literatur eine größere Breitenwirkung zu geben, nicht ungenützt vorübergehen zu lassen? Die Antworten auf diese Fragen werden nicht nur das weitere Schicksal der Exilliteratur, sondern auch die allgemeine Einstellung zu Faschismus, Rassismus und Pazifismus mit beeinflussen.

(63) Vgl. Dort wo man Bücher verbrennt. Hrsg. von Klaus Schöffling, Frankfurt/M. 1983.
(64) Vgl. Anm. 56.
(65) Uwe Naumann: Exil-Flut. Zur plötzlichen Entdeckung der Exilliteratur durch die Verleger der Bundesrepublik. In: Sammlung 4, 1981, S. 209–212.

III. Ausgewählte Bibliographie

Antifaschistische Literatur. Programme Autoren Werke. Hrsg. v. Lutz Winckler, 3 Bde. Kronberg 1977–1979 (= Literatur im historischen Prozeß, 10, 11).

Berendsohn, Walter A.: Die humanistische Front. Einführung in die deutsche Emigranten-Literatur. T. 1, Zürich 1946. T. 2, Worms 1976 (= Deutsches Exil 1933–45. Eine Schriftenreihe, 6).

Brenner, Hildegard: „Deutsche Literatur im Exil 1933–1947." In: Handbuch der deutschen Gegenwartsliteratur. Hrsg. v. Hermann Kunisch. München 1965, S. 677 bis 694.

Dahlke, Hans: Geschichtsroman und Literaturkritik im Exil. Berlin (Ost) 1976 (zuerst Phil. Diss. Leipzig, 1971).

Die deutsche Exilliteratur 1933–1945. Hrsg. v. Manfred Durzak. Stuttgart 1973.

Deutsche Exilliteratur seit 1933. Bd. I, T. 1–2 (Kalifornien). Hrsg. v. John M. Spalek u. Joseph Strelka. Bern 1976 (= Studien zur deutschen Exilliteratur).

Deutsche Literatur im Exil 1933–1945. 2 Bde. Hrsg. v. Heinz Ludwig Arnold. Frankfurt/M. 1974 (= Fischer Athenäum Taschenbücher, 2035, 2085).

Deutsche Literatur im Exil 1933–1945. Texte und Dokumente. Hrsg. v. Michael Winkler. Stuttgart 1977 (= Reclams Universal-Bibliothek, 9865/6).

Deutsches Exildrama und Exiltheater. Akten des Exilliteratur-Symposiums der University of South Carolina 1976. Hrsg. v. Wolfgang Elfe, James Hardin u. Günther Holst. Bern 1977 (= Jahrbuch für Internationale Germanistik. Reihe A. Kongreßberichte, 3).

Dietzel, Peter: Exiltheater in der Sowjetunion 1932–1937. Berlin (Ost) 1978.

Dirschauer, Wilfried: Klaus Mann und das Exil. Worms 1973 (= Deutsches Exil 1933–45. Eine Schriftenreihe, 2).

Einführung in die deutsche Literatur des 20. Jahrhunderts. Bd. 2. Weimarer Republik, Faschismus und Exil. Hrsg. v. Erhard Schütz, Jochen Vogt u. a. Opladen 1978 (= Grundkurs Literaturgeschichte, 2).

Enberg, Harald: Brecht auf Fünen. Exil in Dänemark 1933–1939. Wuppertal 1974.

Erfahrung Exil. Antifaschistische Romane 1933–1945. Analysen. Hrsg. v. Sigrid Bock u. Manfred Hahn. Berlin (Ost) 1979.

Exil und innere Emigration. Third Wisconsin Workshop. Hrsg. v. Reinhold Grimm u. Jost Hermand. Frankfurt/M. 1972 (= Wissenschaftliche Paperbacks Literaturwissenschaft, 17).

Exil und innere Emigration II. Internationale Tagung in St. Louis. Hrsg. v. Peter Uwe Hohendahl u. Egon Schwarz. Frankfurt/M. 1973 (= Wissenschaftliche Paperbacks Literaturwissenschaft, 18).

Exil-Literatur 1933–1945. Eine Ausstellung aus Beständen der Deutschen Bibliothek Frankfurt am Main (Sammlung Exil-Literatur). Ausstellung u. Katalog v. Werner Berthold. 3., erw. u. verb. Aufl. Frankfurt/M. 1967 (= Sonderveröffentlichungen der Deutschen Bibliothek, I).

Exilliteratur/Antifaschistische Literatur. Heft 59 der Zeitschrift Diskussion Deutsch (1981).

Fabian, Ruth u. Coulmas, Corinna: Die deutsche Emigration in Frankreich nach 1933. München 1978.

Faschismuskritik und Deutschlandbild im Exilroman. Hrsg. v. Christian Fritsch und Lutz Winckler. Berlin (West) 1981.

Geschichte der deutschen Literatur 1917 bis 1945. Hrsg. von Hans Kaufmann, Dieter Schiller u. a. Berlin (Ost) 1973.

Goldner, Franz: Die österreichische Emigration 1938 bis 1945. Wien 1972 (= Das einsame Gewissen, 4).

Haarmann, Hermann, Lothar Schirmer u. Dagmar Walach: Das 'Engels' Projekt. Ein antifaschistisches Theater deutscher Emigranten in der UdSSR (1936–1941). Worms 1975 (= Deutsches Exil 1933–45. Eine Schriftenreihe, 7).
Häsler, Alfred: Das Boot ist voll. Die Schweiz und ihre Flüchtlinge 1933–1945. Zürich 1967.
Heeg, Günther: Die Wendung zur Geschichte. Konstitutionsprobleme antifaschistischer Literatur im Exil. Stuttgart 1977.
Heilbut, Anthony: Exiled in Paradise: Refugee Artists and Intellectuals in America, New York 1983.
Herden, Werner: Wege zur Volksfront. Schriftsteller im antifaschistischen Bündnis. Berlin (Ost) 1978 (= Literatur und Gesellschaft).
Hermand, Jost: Sieben Arten an Deutschland zu leiden. Königstein 1979.
Jarmatz, Klaus: Literatur im Exil. Berlin (Ost) 1966 (zuerst Phil. Diss. Berlin (Ost), 1964).
Kießling, Wolfgang: Alemania Libre in Mexiko. 2 Bde. Berlin (Ost) 1974.
Krispyn, Egbert: Anti-Nazi Writers in Exile. Athens, Georgia 1978.
Kunst und Literatur im antifaschistischen Exil 1933–1945. Hrsg. vom Zentralinstitut für Literaturgeschichte, 7 Bde. Leipzig 1978–1981.
Künstler und Künste im antifaschistischen Kampf. Hrsg. v. Manfred Hahn. Berlin (Ost) 1983.
Lefevre, Manfred: Von der proletarisch-revolutionären zur antifaschistisch-sozialistischen Literatur. Die Entwicklung der Literaturkonzeption deutscher kommunistischer Schriftsteller von der End-Phase der Weimarer Republik bis zum Jahr 1935. Stuttgart 1979 (= Stuttgarter Arbeiten zur Germanistik, 51).
Loewy, Ernst, u. a.: Literarische und politische Texte aus dem deutschen Exil 1933 bis 1945. Stuttgart 1979.
Lyon, James, K.: Bertolt Brecht in America. Princeton 1980.
The Legacy of the German Refugee Intellectuals. Hrsg. v. Henry Pachter. In: Salmagundi (1969).
Mittenzwei, Werner: Das Züricher Schauspielhaus 1933–1945. Deutsches Theater im Exil. Berlin (Ost) 1979.
Müssener, Helmut: Exil in Schweden. Politische und kulturelle Emigration nach 1933. München 1974 (= zuerst Phil. Diss. Stockholm 1971).
Parmelee, Patty, Lee: Brecht's America. Columbus, Ohio 1981.
Pawek, Karl: Heinrich Manns Kampf gegen den Faschismus im französischen Exil 1933–1940. Hamburg 1972 (= Veröffentlichung der Hamburger Arbeitsstelle für deutsche Exilliteratur, I) (zuerst Phil. Diss. Hamburg 1972).
Pfeiler, William, K.: German Literature in Exile. The Concern of the Poets. Lincoln 1957 (= University of Nebraska Studies: New Series, 16).
Pike, David: Deutsche Schriftsteller im sowjetischen Exil. Frankfurt/M. 1981.
Roggausch, Werner: Das Exilwerk von Anna Seghers 1933–1939. Volksfront und antifaschistische Literatur. München 1979.
Roloff, Gerhard: Die Erforschung der deutschen Exilliteratur. Stand – Probleme – Aufgaben. Hamburg 1973 (= Veröffentlichung der Hamburger Arbeitsstelle für deutsche Exilliteratur, 2).
Schiller, Dieter: '... von Grund auf anders'. Programmatik der Literatur im antifaschistischen Kampf während der dreißiger Jahre. Berlin (Ost) 1974 (= Literatur und Gesellschaft).
Schneider, Hansjörg: Exiltheater in der Tschechoslowakei 1933–1938. Deutsches Theater im Exil. Berlin (Ost) 1979.
Stephan, Alexander: Die deutsche Exilliteratur 1933–1945. Eine Einführung. München 1979.

Sternfeld, Wilhelm, u. Eva Tiedemann: Deutsche Exil-Literatur 1933–1945. Eine Bio-Bibliographie, Heidelberg 1970 (= Veröffentlichung der Deutschen Akademie für Sprache und Dichtung, Darmstadt).
Strelka, Joseph: Exilliteratur. Grundprobleme der Theorie, Aspekte der Geschichte und Kritik. Bern 1983.
Theater im Exil 1933–1945. Katalog der gleichnamigen Ausstellung der Akademie der Künste. Zusammengest. v. Walter Huder. Berlin (West) 1973.
Verbannung. Aufzeichnungen deutscher Schriftsteller im Exil. Hrsg. v. Egon Schwarz und Matthias Wegner. Hamburg 1964.
Verboten und verbrannt. Deutsche Literatur 12 Jahre unterdrückt. Hrsg. v. Richard Drews u. Alfred Kantorowicz. Berlin 1947.
Wächter, Hans-Christof: Theater im Exil. Sozialgeschichte des deutschen Exiltheaters 1933–1945. München 1973 (zuerst Phil. Diss. Köln 1973).
Wagner, Frank: '... der Kurs auf die Realität'. Das epische Werk von Anna Seghers (1935–1943). Berlin (Ost) 1975 (zuerst Phil. Diss. Berlin (Ost) 1974).
Walter, Hans-Albert: Deutsche Exilliteratur 1933–1950. Bisher 5 Bde. Darmstadt und Stuttgart 1972 ff.
Wegner, Matthias: Exil und Literatur. Deutsche Schriftsteller im Ausland 1933–1945. 2., durchges. u. ergänz. Aufl. Frankfurt/M. 1968 (zuerst Phil. Diss. Hamburg 1967).
Weiskopf, Franz Carl: Unter fremden Himmeln. Ein Abriß der deutschen Literatur im Exil 1933–1947. Berlin 1948.
Wer schreibt, handelt. Strategien und Verfahren literarischer Arbeit vor und nach 1933. Hrsg. von Silvia Schlenstedt, Berlin (Ost) 1983.

IV. Wichtige Publikationen und Aktivitäten der exilierten Schriftsteller zwischen 1933 und 1949

1933

Publikationen
Bruckner, Ferdinand: Die Rassen (Drama, Paris)
Feuchtwanger, Lion: Die Geschwister Oppermann (Roman, Amsterdam)
Hermann, Georg: Eine Zeit stirbt (Roman, Amsterdam)
Kolbenhoff, Walter: Untermenschen (Roman, Kopenhagen)
Regler, Gustav: Der verlorene Sohn (Roman, Amsterdam)
Scharrer, Adam: Maulwürfe (Roman, Prag)
Seghers, Anna: Der Kopflohn (Roman, Amsterdam)
Zweig, Arnold: Spielzeug der Zeit (Erzählungen, Amsterdam)

Braunbuch über Reichstagsbrand und Hitler-Terror. Hrsg. von Willi Münzenberg (Basel)
Lessing, Theodor: Deutschland und seine Juden (Prag)
Mann, Heinrich: Der Haß. Deutsche Zeitgeschichte (Amsterdam)
Reich, Wilhelm: Massenpsychologie des Faschismus (Kopenhagen)
Toller, Ernst: Eine Jugend in Deutschland (Amsterdam)

Sonstige Aktivitäten
Nach der Machtübergabe an die Nationalsozialisten (30. Januar) und dem Reichstagsbrand (27. Februar) verlassen zahlreiche linke, jüdische und bürgerlich-humanistische Schriftsteller Deutschland. Carl von Ossietzky, Erich Mühsam, Klaus Neukrantz, Willi Bredel, Friedrich Wolf, Ludwig Renn u. a. werden verhaftet. Einige von ihnen können später fliehen.

Am 10. Mai findet in Berlin Unter den Linden die erste Verbrennung von Büchern 'undeutscher' Autoren statt. Kurz darauf tritt Ernst Toller auf dem PEN-Kongreß in Ragusa gegen den Faschismus auf.
Im Sommer 1933 wird in Paris der 'Schutzverband deutscher Schriftsteller' (SDS) gegründet, dessen Vorsitz Rudolf Leonhard übernimmt. Dem Vorstand gehören u. a. Heinrich Mann, Anna Seghers und Egon Erwin Kisch an. Weitere Ortsgruppen bilden sich in London, Prag, Brüssel, Kopenhagen, Holland und Österreich.
Am 23. August erscheint in Berlin die 1. Ausbürgerungsliste, die u. a. die Namen von Lion Feuchtwanger, Alfred Kerr, Heinrich Mann und Ernst Toller enthält (bis 1937 folgen 10 weitere Ausbürgerungslisten).
Außerdem werden 1933 im Exil folgende Zeitschriften gegründet: Das neue Tagebuch. Hrsg. von Leopold Schwarzschild (Paris, 1933–1940), Die neue Weltbühne. Hrsg. von Willi Schlamm, ab März 1934 von Hermann Budzislawski (Wien 1933, Prag 1933–38, Paris 1938/39), Die Sammlung. Hrsg. von Klaus Mann (Amsterdam, 1933–1935), Neue Deutsche Blätter. Monatshefte für Literatur und Kritik. Hrsg. von O. M. Graf, Wieland Herzfelde, Jan Petersen, Anna Seghers (Prag 1933–1935).

1934

Publikationen
Baum, Oskar: Zwei Deutsche (Roman, Antwerpen)
Brecht, Bertolt: Dreigroschenroman (Amsterdam)
  Lieder, Gedichte, Chöre (mit Hanns Eisler, Paris)
Bredel, Willi: Die Prüfung (Roman, London/Prag)
Brod, Max: Die Frau, die nicht enttäuscht (Roman, Amsterdam)
Döblin, Alfred: Babylonische Wanderung oder Hochmut kommt vor dem Fall (Roman, Amsterdam)
Frank, Bruno: Cervantes (Roman, Amsterdam)
Kisch, Egon Erwin: Geschichten aus sieben Ghettos (Amsterdam)
Mann, Klaus: Flucht in den Norden (Roman, Amsterdam)
Marchwitza, Hans: Die Kumiaks (Roman, Zürich)
Regler, Gustav: Im Kreuzfeuer (Roman, Paris)
Schnog, Karl: Kinnhaken. Kampfgedichte 1933/34 (Luxemburg)
Toller, Ernst: The blind goddess (Drama, London)
Wassermann, Jakob: Joseph Kerkhovens dritte Existenz (Roman, Amsterdam)
Weinert, Erich: Es kommt der Tag (Gedichte, Moskau)
  Pflastersteine (Gedichte, Saarbrücken)

Kerr, Alfred: Die Diktatur des Hausknechts (Brüssel)
Seger, Gerhart: Oranienburg. Erster authentischer Bericht eines aus dem Konzentrationslager Geflüchteten. Geleitwort von Heinrich Mann (Karlsbad)
Zweig, Arnold: Bilanz der deutschen Judenheit 1933 (Amsterdam)

Sonstige Aktivitäten
Am 10. Mai, anläßlich des ersten Jahrestages der Bücherverbrennung in Berlin, wird in Paris eine 'Deutsche Freiheitsbibliothek' mit 13 000 Bänden eröffnet, deren Präsidentschaft Heinrich Mann übernimmt.
Im Juni gründen Rudolf Olden und Ernst Toller den deutschen PEN-Club im Exil.
Der Roman ‚Der junge Joseph' von Thomas Mann erscheint in Berlin.
Bertolt Brecht arbeitet an dem Drama ‚Die Rundköpfe und die Spitzköpfe'.

1935

Publikationen
Baum, Vicki: Das große Einmaleins (Roman, Amsterdam)
Glaeser, Ernst: Der letzte Zivilist (Roman, Paris)
Graf, Oskar Maria: Der harte Handel (Roman, Amsterdam)
Liepmann, Heinz: ... wird mit dem Tode bestraft (Roman, Zürich)
Mann, Heinrich: Die Jugend des Königs Henri Quatre (Roman, Amsterdam)
Mann, Klaus: Symphonie Pathétique (Roman, Amsterdam)
Neumann, Robert: Struensee (Roman, Amsterdam)
Scharrer, Adam: Die Bauern von Gottes Gnaden (Erzählungen, Engels)
Seghers, Anna: Der Weg durch den Februar (Roman, Paris)
Wangenheim, Gustav von: Helden im Keller (Drama, Kiew)
Wolf, Friedrich: Floridsdorf (Drama, Zürich)
    Professor Mamlok (Drama, Moskau)
Zweig, Arnold: Erziehung vor Verdun (Roman, Amsterdam)

Bloch, Ernst: Erbschaft dieser Zeit (Zürich)
Franck, Wolf: Führer durch die deutsche Emigration (Paris)
Langhoff, Wolfgang: Die Moorsoldaten. 13 Monate Konzentrationslager (Zürich)
Pieck, Wilhelm: Der neue Weg zum gemeinsamen Kampfe für den Sturz der Hitlerdiktatur (Moskau)
Sternberg, Fritz: Der Faschismus an der Macht (Amsterdam)

Sonstige Aktivitäten
Vom 21. bis 25. Juni findet in Paris ein Internationaler Schriftstellerkongreß zur 'Verteidigung der Kultur' statt, an dem u. a. Johannes R. Becher, Bertolt Brecht, Max Brod, Lion Feuchtwanger, Leonhard Frank, Alfred Kerr, Egon Erwin Kisch, Heinrich Mann, Klaus Mann, Hans Marchwitza, Robert Musil, Anna Seghers, Ernst Toller, Bodo Uhse und Erich Weinert teilnehmen.
Im Oktober/November weilt Brecht zu Proben seiner „Mutter' in New York. Friedrich Wolf überbringt auf dem Ersten Amerikanischen Schriftstellerkongreß in New York die Grüße der deutschen proletarisch-revolutionären Schriftsteller.
Kurt Tucholsky nimmt sich in Schweden das Leben.
Sergej Tretjakow gibt in Moskau einen Band mit Werken Brechts heraus.

1936

Publikationen
Balázs, Bela: Karlchen, durchhalten (Jugendbuch, Moskau)
Baum, Vicki: Die Karriere der Doris Hart (Roman, Amsterdam)
Becher, Ulrich: Die Eroberer. Geschichten aus Europa (Erzählungen, Zürich)
Bredel, Willi: Der Spitzel und andere Erzählungen (London)
Brentano, Bernard von: Theodor Schindler. Roman einer deutschen Familie (Zürich)
Claudius, Eduard: Jugend im Umbruch (Roman, Basel)
Feuchtwanger, Lion: Der falsche Nero (Roman, Amsterdam)
Graf, Oskar Maria: Der Abgrund (Roman, London)
Kesten, Hermann: Ferdinand und Isabella (Roman, Amsterdam)
Keun, Irmgard: Das Mädchen, mit dem die Kinder nicht verkehren durften (Roman, Amsterdam)
Kläber, Kurt: Die Toten von Pabjanice (Erzählungen, Moskau)

Mann, Klaus: Mephisto (Roman, Amsterdam)
Mann, Thomas: Joseph in Ägypten (Roman, Wien)
Merz, Konrad: Ein Mensch fällt aus Deutschland (Roman, Amsterdam)
Musil, Robert: Nachlaß zu Lebenszeiten (Zürich)
Ottwalt, Ernst: Die letzten Dinge (Erzählungen, Moskau)
Petersen, Jan: Unsere Straße. Eine Chronik geschrieben im Herzen des faschistischen Deutschlands 1933/34 (Roman, Moskau)
Regler, Gustav: Die Saat (Roman, Amsterdam)
Weiss, Ernst: Der arme Verschwender (Roman, Amsterdam)

Jacob, Berthold: Warum schweigt die Welt? (Paris)
Kantorowicz, Alfred: In unserem Lager ist Deutschland (Paris)
Lieb, Fritz: Christ und Antichrist im Dritten Reich. Der Kampf der deutschen Bekenntniskirche (Paris)

Sonstige Aktivitäten
Am 2. Februar übernimmt Heinrich Mann den Vorsitz im 'Vorbereitenden Ausschuß für die Schaffung der deutschen Volksfront' in Paris, wobei er von Ernst Toller, Leonhard Frank, Lion Feuchtwanger, Arnold Zweig u. a. unterstützt wird.
Am 3. Februar erklärt sich Thomas Mann öffentlich gegen das Nazi-Regime.
Im Deutschen Staatstheater in Engels wird „Das trojanische Pferd' von Friedrich Wolf uraufgeführt.
Nach Ausbruch des Spanischen Bürgerkriegs engagieren sich folgende Exilautoren im Rahmen der Internationalen Brigaden auf republikanischer Seite: Erich Arendt, Willi Bredel, Eduard Claudius, Alfred Kantorowicz, Egon Erwin Kisch, Hans Marchwitza, Gustav Regler, Ludwig Renn, Bodo Uhse und Erich Weinert.
Am 2. Dezember wird Thomas Mann die deutsche Staatsbürgerschaft und am 31. Dezember die Ehrendoktorwürde der Universität Bonn aberkannt.
Außerdem wird in diesem Jahr die Exilzeitschrift „Das Wort' (1936–1939) in Moskau gegründet, als deren Herausgeber auf dem Titelblatt Bertolt Brecht, Lion Feuchtwanger und Willi Bredel genannt werden.

1937

Publikationen
Balázs, Bela: Karl Brunner (Drama, Moskau)
Baum, Vicki: Liebe und Tod auf Bali (Roman, Amsterdam)
Brecht, Bertolt: Die Gewehre der Frau Carrar (Drama, London/Prag)
Bredel, Willi: Dein unbekannter Bruder (Roman, Prag)
Erpenbeck, Fritz: Emigranten (Roman, Moskau)
Frank, Bruno: Der Reisepaß (Roman, Amsterdam)
Graf, Oskar Maria: Anton Sittinger (Roman, London)
Habe, Hans: Drei über die Grenze (Roman, Genf)
Keun, Irmgard: Nach Mitternacht (Roman, Amsterdam)
Lackner, Stephan: Der Mensch ist kein Haustier (Drama, Paris)
Seghers, Anna: Die Rettung (Roman, Amsterdam)
Toller, Ernst: No More Peace (Drama, London)
Wolf, Friedrich: Das trojanische Pferd (Drama, Moskau)
Zweig, Arnold: Einsetzung eines Königs (Roman, Amsterdam)

Münzenberg, Willi: Propaganda als Waffe (Paris)

Sonstige Aktivitäten
Uraufführung der ‚Gewehre der Frau Carrar' von Bertolt Brecht in Paris. In Zürich gründen Thomas Mann und Konrad Falke die Zeitschrift ‚Maß und Wert' (1937 bis 1940).

1938

Publikationen
Becher, Johannes R.: Der Glückssucher und die sieben Lasten (Gedichte, Moskau)
Brecht, Bertolt: Gesammelte Werke, 2 Bde. (London/Prag)
Gleit, Maria: Du hast kein Bett, mein Kind (Roman, Zürich)
Graf, Oskar Maria: Der Quasterl (Erzählung, Moskau 1938, New York 1945)
Hay, Julius: Haben (Drama, Paris)
Horváth, Ödön von: Jugend ohne Gott (Roman, Amsterdam)
  Ein Kind unserer Zeit (Roman, Amsterdam)
Kesten, Hermann: König Philipp der Zweite (Roman, Amsterdam)
Keun, Irmgard: D-Zug dritter Klasse (Roman, Amsterdam)
  Kind aller Länder (Roman, Amsterdam)
Kurella, Alfred: Wo liegt Madrid? (Erzählungen, Kiew)
Mann, Heinrich: Die Vollendung des Königs Henri Quatre (Roman, Amsterdam)
Remarque, Erich Maria: Drei Kameraden (Roman, Amsterdam)
Roth, Joseph: Die Kapuzinergruft (Roman, Bilthoven)
Wolf, Friedrich: Zwei an der Grenze (Roman, Zürich)
Zweig, Stefan: Ungeduld des Herzens (Roman, Stockholm)

Jansen, Jan: Katholiken und Kommunisten im deutschen Freiheitskampf (Straßburg)
Mann, Erika: Zehn Millionen Kinder. Die Erziehung der Jugend im 3. Reich (Amsterdam)
Ulbricht, Walter: Kriegsschauplatz Innerdeutschland (Straßburg)

Sonstige Aktivitäten
Ernst Toller wird aktiv in der 'Spanien-Hilfe'.
Gründung des 'Freien Deutschen Kulturbundes' (FDKB) in London unter maßgeblicher Beteiligung von Alfred Kerr, Berthold Viertel und Stefan Zweig.
Georg Kaiser verläßt Nazi-Deutschland.
Uraufführung von ‚Furcht und Elend des Dritten Reiches' von Bertolt Brecht in Paris.
Am 7. Oktober findet die Gründungssitzung des 'Schutzverbandes deutsch-amerikanischer Schriftsteller' in New York statt. Erster Vorsitzender wird Oskar Maria Graf, Ehrenpräsident Thomas Mann.
Im November wird in Paris von Exilierten eine 'Deutsche Kulturwoche' veranstaltet.

1939

Publikationen
Baum, Vicki: Hotel Shanghai (Roman, Amsterdam)
Blum, Klara: Die Antwort (Gedichte, Moskau)
Brecht, Bertolt: Svendborger Gedichte (London)
Döblin, Alfred: Eine deutsche Revolution. Erzählwerk in drei Bänden. Bd. 1: Bürger und Soldaten 1918 (Amsterdam/Stockholm 1939). Später umgearbeitet und fortgesetzt unter neuem Titel: November 1918 Bd. 1: Verratenes Volk (Freiburg 1948);

Bd. 2: Heimkehr der Fronttruppen (Freiburg 1949); Bd. 3: Karl und Rosa (Freiburg 1950)
Erpenbeck, Fritz: Deutsche Schicksale (Erzählungen, Kiew)
Kesten, Hermann: Die Kinder von Gernika (Roman, Amsterdam)
Lask, Berta: Die schwarze Fahne von Kolbenau (Erzählung, Moskau)
Mann, Klaus: Der Vulkan (Roman, Amsterdam)
Mann, Thomas: Lotte in Weimar (Roman, Stockholm)
Scharrer, Adam: Familie Schuhmann (Roman, Moskau)
Toller, Ernst: Pastor Hall (Drama, London)
Werfel, Franz: Der veruntreute Himmel (Roman, Stockholm)
Zinner, Hedda: Das ist geschehen (Gedichte, Moskau)

Sonstige Aktivitäten
Bertolt Brecht arbeitet an dem Drama ‚Mutter Courage und ihre Kinder'.
Ernst Toller begeht in New York Selbstmord.

1940

Publikationen
Becher, Johannes R.: Abschied (Roman, Moskau)
Bredel, Willi: Der Kommissar am Rhein (Erzählung, Moskau)
Feuchtwanger, Lion: Exil (Roman, Amsterdam)
Kaiser, Georg: Der Soldat Tanaka (Drama, Zürich)
    Rosamunde Floris (Drama, Zürich)
Mann, Thomas: Die vertauschten Köpfe (Erzählung, Stockholm)
Scharrer, Adam: Wanderschaft (Roman, Kiew)

Sonstige Aktivitäten
Thomas Mann hält eine Rede vor dem 'American Rescue Committee'.
Bertolt Brecht arbeitet an ‚Herr Puntila und sein Knecht Matti'.

1941

Publikationen
Baum, Vicki: Die große Pause (Roman, Stockholm)
Beer-Hofmann, Richard: Verse (Stockholm)
Blum, Klara: Wir entscheiden alles (Gedichte, Moskau)
Werfel, Franz: Das Lied von Bernadette (Roman, Stockholm)

Sonstige Aktivitäten
Gründung des Nationalkomitees 'Freies Deutschland' (NKFD) in Krasnogorsk.
Gründung des 'Heinrich-Heine-Clubs' in Mexico City, zu dessen Vorstand Egon Erwin Kisch und Bodo Uhse gehören. Die gleiche Gruppe gründet die Zeitschrift ‚Freies Deutschland' (1941–1946), deren Herausgeberschaft Alexander Abusch übernimmt.
Im Zürcher Schauspielhaus wird Bertolt Brechts ‚Mutter Courage und ihre Kinder' uraufgeführt. Brecht arbeitet zu dieser Zeit an seinen ‚Flüchtlingsgesprächen' und dem Drama ‚Der aufhaltsame Aufstieg des Arturo Ui'.

1942

Publikationen
Becher, Johannes R.: Deutschland ruft (Gedichte, Moskau)
Bredel, Willi: Kurzgeschichten aus Hitler-Deutschland (Moskau)
Hermann-Neisse, Max: Mir bleibt mein Lied (Gedichte, New York)
Seghers, Anna: Das siebte Kreuz (Roman, Mexico City)
Zweig, Stefan: Schachnovelle (Buenos Aires)

Feuchtwanger, Lion: Unholdes Frankreich. Meine Erlebnisse unter der Regierung Pétain (London)
Mann, Thomas: Deutsche Hörer! 25 Radiosendungen nach Deutschland (Stockholm)

Sonstige Aktivitäten
Bertolt Brecht arbeitet mit Lion Feuchtwanger an dem Drama ‚Die Gesichte der Simone Marchard'.
Johannes R. Becher vollendet die erste Fassung seines Dramas ‚Schlacht um Moskau'.

1943

Publikationen
Baum, Vicki: Berlin Hotel (Roman, New York)
Bredel, Willi: Die Väter (Roman, Moskau)
Fürnberg, Louis: Hölle, Haß und Liebe (Gedichte, London)
Lasker-Schüler, Else: Mein blaues Klavier (Gedichte, Jerusalem)
Mann, Heinrich: Lidice (Roman, Mexico City)
Mann, Thomas: Joseph, der Ernährer (Roman, Stockholm)
Musil, Robert: Der Mann ohne Eigenschaften, Bd. 3 (Roman, Lausanne)
Polgar, Alfred: Geschichten ohne Moral (Zürich)
Uhse, Bodo: Leutnant Bertram (Roman, Mexico City)

Sonstige Aktivitäten
Uraufführungen der Dramen ‚Leben des Galilei' und ‚Der gute Mensch von Sezuan' von Bertolt Brecht am Zürcher Schauspielhaus.
Thomas Mann beginnt mit der Arbeit an seinem Roman ‚Doktor Faustus'.
Der Radiosender 'Freies Deutschland' strahlt jeden Sonntag in Osteuropa ein deutschsprachiges Kulturprogramm aus.

1944

Publikationen
Fried, Erich: Deutschland (Gedichte, London)
Feuchtwanger, Lion: Simone (Roman, Stockholm)
Neumann, Alfred: Es waren ihrer sechs (Roman, Stockholm)
Mann, Thomas: Das Gesetz (Erzählung, Los Angeles)
Seghers, Anna: Transit (Roman, Mexico City, auf spanisch)

Renn, Ludwig: Adel im Untergang (Mexico City)
Zweig, Stefan: Die Welt von gestern (Stockholm)

Sonstige Aktivitäten
Bertolt Brecht arbeitet am ‚Kaukasischen Kreidekreis'.
Ernst Bloch, Bertolt Brecht, Ferdinand Bruckner, Alfred Döblin, Lion Feuchtwanger, Oskar Maria Graf, Wieland Herzfelde, Heinrich Mann, Ernst Waldinger, Berthold Viertel und F. C. Weiskopf gründen in New York den Aurora-Verlag.

1945

Publikationen
Brecht, Bertolt: Furcht und Elend des Dritten Reiches (Drama, New York)
Brentano, Bernard von: Franziska Scheler (Roman, Zürich)
Broch, Hermann: Der Tod des Vergil (Roman, New York)
Claudius, Eduard: Grüne Oliven und nackte Berge (Roman, Zürich)
Hermlin, Stephan: Zwölf Balladen von den großen Städten (Zürich)
Kaléko, Mascha: Verse für Zeitgenossen (Cambridge, Mass.)
Mann, Heinrich: Ein Zeitalter wird besichtigt (Stockholm)
Plievier, Theodor: Stalingrad (Roman, Moskau)
Werfel, Franz: Jacobowsky und der Oberst (New York 1945. Stockholm 1944. Obwohl die Stockholmer Ausgabe das Datum 1944 trägt und die New Yorker das Datum 1945, ist letztere der Erstdruck.)
Wolf, Charlotte: Die Männerfeindin (Roman, Stockholm)
Zuckmayer, Carl: Der Seelenbräu (Erzählung, Stockholm)

Abusch, Alexander: Der Irrweg einer Nation (Mexico City)
Kerr, Alfred: The Influence of German Nationalism upon the Theatre and Film in the Weimar Republic (London)
Kisch, Egon Erwin: Entdeckungen in Mexico (Mexico City)
Mann, Thomas: Adel des Geistes (Stockholm)

Sonstige Aktivitäten
Heinrich Mann schließt den Roman ‚Empfang bei der Welt' ab (erschienen 1956 in Ost-Berlin).
Thomas Mann veröffentlicht am 28. September im New Yorker ‚Aufbau' das Statement ‚Warum ich nicht nach Deutschland zurückgehe'.

1946

Publikationen
Döblin, Alfred: Sieger und Besiegte (Erzählung, New York)
Feuchtwanger, Lion: Venedig (Texas) (Erzählungen, New York)
Remarque, Erich Maria: Arc de Triomphe (Roman, Zürich)
Seghers, Anna: Der Ausflug der toten Mädchen (Erzählungen, New York)
Werfel, Franz: Stern der Ungeborenen (Roman, Stockholm)
Zuckmayer, Carl: Des Teufels General (Drama, Stockholm)

Bloch, Ernst: Freiheit und Ordnung. Abriß der Sozialutopien (New York)
Mann, Thomas: Leiden an Deutschland (Los Angeles)
Viertel, Berthold: Der Lebenslauf (New York)

1947

Publikationen
Baum, Vicki: Schicksalsflug (Roman, Amsterdam)
Feuchtwanger, Lion: Waffen für Amerika. 2 Bde. (Amsterdam 1947–48). Die Füchse im Weinberg. Roman. Erweiterte Fassung von ‚Waffen für Amerika'. 2 Bde. (Amsterdam 1948)
Graf, Oskar Maria: Unruhe um einen Friedfertigen (Roman, New York)
Kolbenhoff, Walter: Von unserm Fleisch und Blut (Roman, Stockholm)
Mann, Thomas: Doktor Faustus (Roman, Stockholm)
Zweig, Arnold: Das Beil von Wandsbek (Roman, Stockholm)

Sonstige Aktivitäten
Brecht wird am 30. Oktober vom 'House Committee on Unamerican Activities' verhört, verläßt am folgenden Tag die USA und arbeitet in der Schweiz an einer Neufassung der ‚Antigone' des Sophokles.

1948

Publikationen
Frank, Leonhard: Mathilde (Roman, Amsterdam)
Feuchtwanger, Lion: Wahn oder der Teufel in Boston (Drama, Los Angeles)

Sonstige Aktivitäten
Uraufführung des ‚Kaukasischen Kreidekreises' von Bertolt Brecht am Carleton College (Northfield, Minnesota).

1949

Publikationen
Mann, Heinrich: Der Atem (Roman, Amsterdam)
Neumann, Alfred: Der Pakt (Roman, Stockholm)

Mann, Thomas: Die Entstehung des Doktor Faustus (Amsterdam)

Literaturwissenschaft — Gesellschaftswissenschaft

Materialien und Untersuchungen
herausgegeben von Theo Buck · Manfred Durzak · Dietrich Steinbach

Franz Mehring: Anfänge der materialistischen Literaturbetrachtung in Deutschland
Hrsg.: Theo Buck
LGW 1, ISBN 3-12-391100-4, 115 Seiten

Von der Literaturkritik zur Gesellschaftskritik: Ludwig Börne
Hrsg.: Serge Schlaifer
LGW 2, ISBN 3-12-391200-0, 130 Seiten

Abriß einer Geschichte der deutschen Arbeiterliteratur
Von Gerald Stieg und Bernd Witte
LGW 3, ISBN 3-12-391300-7, 200 Seiten

Die historisch-kritische Sozialtheorie der Literatur
Von Dietrich Steinbach
LGW 4, ISBN 3-12-391400-3, 96 Seiten

Der exotische Roman. Bürgerliche Gesellschaftsflucht und Gesellschaftskritik zwischen Romantik und Realismus
Hrsg.: Anselm Maler
LGW 5, ISBN 3-12-391500-X, 112 S.

Goethes ‚Werther' als Modell für kritisches Lesen
Materialien zur Rezeptionsgeschichte
Hrsg.: Karl Hotz
LGW 6, ISBN 3-12-391600-6, 208 Seiten

Der Schelm als Widerspruch und Selbstkritik des Bürgertums
Vorarbeiten zu einer literatursoziologischen Analyse der Schelmenliteratur
Von Dieter Arendt
LGW 7, ISBN 3-12-391700-2, 123 Seiten

Heinrich Heine: Wirkungsgeschichte als Wirkungskritik
Materialien zur Rezeptions- und Wirkungsgeschichte Heines
Hrsg.: Karl Hotz
LGW 8, ISBN 3-12-391800-9, 176 Seiten

Methoden- und Rezeptionswandel in der Literaturwissenschaft am Beispiel der Sesenheimer Lyrik Goethes
Hrsg.: Ekkehart Mittelberg
LGW 9, ISBN 3-12-391900-5, 127 Seiten

Der aufgelöste Widerspruch
'Engagement' und 'Dunkelheit' in der Lyrik Johannes Bobrowskis
Von Dagmar Deskau
LGW 10, ISBN 3-12-392100-X, 105 S.

Viermal Wedekind
Methoden der Literaturanalyse am Beispiel von Frank Wedekinds Schauspiel ‚Hidalla'
Vier Vorträge von Helmut Arntzen, Ernst Nef, Volker Klotz und Wolfdietrich Rasch
Hrsg.: Karl Pestalozzi und Martin Stern
LGW 11, ISBN 3-12-392200-6, 73 Seiten

Zwischen Selbstaufgabe und Selbstverwirklichung
Zum Problem der Persönlichkeitsstruktur im Werk Christa Wolfs
Von Marion von Salisch
LGW 12, ISBN 3-12-392300-2, 78 Seiten

Heimatkunstbewegung und Heimatroman
Zu einer Literatursoziologie der Jahrhundertwende
Von Karlheinz Rossbacher
LGW 13, ISBN 3-12-392400-9, 281 S.

Literatur unter der Zensur
Die politische Lyrik des Vormärz
Von Hanns-Peter Reisner
LGW 14, ISBN 3-12-392500-5, 121 S.

Deutsche Bestseller — Deutsche Ideologie
Ansätze zu einer Verbraucherpoetik
Hrsg.: Heinz Ludwig Arnold
LGW 15, ISBN 3-12-392600-1, 156 S.

Arbeiterliteratur in der Bundesrepublik Deutschland
Gruppe 61 und Werkkreis Literatur der Arbeitswelt
Mit einer Einleitung von Heinz Ludwig Arnold
Hrsg.: Ilsabe Dagmar Arnold-Dielewicz und Heinz Ludwig Arnold
LGW 16, ISBN 3-12-392700-8, 126 S.

Leiden an der Familie
Zur sozialpathologischen Rollenanalyse im Werk Gabriele Wohmanns
Von Klaus Wellner
LGW 17, ISBN 3-12-392800-4, 237 S.

Bürger oder Bourgeois?
Eine literatursoziologische Studie zu Thomas Manns ‚Buddenbrooks‘ und Heinrich Manns ‚Im Schlaraffenland‘
Von Michael Zeller
LGW 18, ISBN 3-12-392900-0, 47 S.

Zukunft zwischen Trauma und Mythos: Science-fiction
Zur Wirkungsästhetik, Sozialpsychologie und Didaktik eines literarischen Massenphänomens
Von Klaus-Peter Klein
LGW 19, ISBN 3-12-393100-5, 248 S.

Die Stücke von Peter Hacks
Tendenzen — Themen — Theorien
Von Winfried Schleyer
LGW 20, ISBN 3-12-393200-1, 201 S.

Kafka und die Außenwelt
Quellenstudium zum ‚Amerika‘-Fragment
Von Alfred Wirkner
LGW 21, ISBN 3-12-393300-8, 113 S.

Georg Weerth — Ungleichzeitigkeit und Gleichzeitigkeit im literarischen Vormärz
Von Karl Hotz
LGW 22, ISBN 3-12-393400-4, 129 S.

Franz Xaver Kroetz und seine Rezeption
Die Intentionen eines Stückeschreibers und seine Aufnahme durch die Kritik
Von Evalouise Panzner
LGW 23, ISBN 3-12-393500-0, 117 S.

Tragödie und Aufklärung
Zum Funktionswandel des Tragischen zwischen Racine und Büchner
Von Roland Galle
LGW 24, ISBN 3-12-393600-7, 97 S.

Identität und Rolle
Probleme des Erzählens bei Johnson, Walser, Frisch und Fichte
Von Gisela Ullrich
LGW 25, ISBN 3-12-393700-3, 122 S.

Politische Idyllik
Zur sozialen Mythologie Arkadiens
Von Richard Faber
LGW 26, ISBN 3-12-393800-X, 183 S.

Facetten
Untersuchungen zum Werk Johannes Bobrowskis
Von Alfred Behrmann
LGW 27, ISBN 3-12-393900-6, 86 S.

Gesellschaft in literarischer Form
H. L. Wagners ‚Kindermörderin‘ als Epochen- und Methodenparadigma
Von Johannes Werner
LGW 28, ISBN 3-12-394100-0, 130 S.

Progressive Massenliteratur?
Revolutionäre Arbeiterromane 1927—1932
Von Hanno Möbius
LGW 29, ISBN 3-12-394200-7, 111 S.

Der Schatz des Drachentödters
Materialien zur Wirkungsgeschichte des Nibelungenliedes
Hrsg.: Werner Wunderlich
LGW 30, ISBN 3-12-394300-3, 123 S.

Naturlyrik und Gesellschaft
Hrsg.: Norbert Mecklenburg
LGW 31, ISBN 3-12-394400-X, 214 S.

Anekdote — Antianekdote
Zum Wandel einer literarischen Form
in der Gegenwart
Von Walter Ernst Schäfer
LGW 32, ISBN 3-12-394500-6, 66 S.

Revolutionär ohne Revolution
Interpretation der Werke
Georg Büchners
Von Jan Thorn-Prikker
LGW 33, ISBN 3-12-394600-2, 138 S.

Rezeptionsgeschichte oder Wirkungsästhetik
Konstanzer Diskussionsbeiträge zur
Praxis der Literaturgeschichtsschreibung
Hrsg.: Heinz-Dieter Weber
LGW 34, ISBN 3-12-394700-9, 181 S.

Die Spur des Bundschuhs
Der Deutsche Bauernkrieg in der
Literatur 1476—1976
Von Werner Wunderlich
LGW 35, ISBN 3-12-394800-5, 206 S.

Widersprüche — Hoffnungen
Literatur und Kulturpolitik in der
DDR — Die Prosa Günter Kunerts
Von Dieter Jonsson
LGW 36, ISBN 3-12-394900-1, 202 S.

Eulenspiegel — ein Narrenspiegel der Gesellschaft
Von Dieter Arendt
LGW 37, ISBN 3-12-913370-4, 170 S.

Brecht — der unbekannte Erzähler
Die Prosa 1913—1934
Von Kirsten Boie-Grotz
LGW 38, ISBN 3-12-913380-1, 217 S.

Zeitgenosse Büchner
Hrsg.: Ludwig Fischer
LGW 39, ISBN 3-12-913390-9, 153 S.

Kunstform und Gesellschaftsform
Materialien zu einer soziologischen
Ästhetik
Hrsg.: Johannes Werner
LGW 40, ISBN 3-12-913400-X, 113 S.

Interpretationen zu Bertolt Brecht
Hrsg.: Theo Buck
LGW 41, ISBN 3-12-913410-7, 230 S.

Interpretationen zu Franz Kafka
Hrsg.: Günter Heintz
LGW 42, ISBN 3-12-913420-4, 238 S.

Aufbrüche: Abschiede
Studien zur deutschen Literatur seit 1968
Hrsg.: Michael Zeller
LGW 43, ISBN 3-12-395600-8, 106 S.

Die Frau in der sowjetischen Literatur 1917—1977
Von Elsbeth Wolffheim
LGW 44, ISBN 3-12-395700-4, 156 S.

Der Mythus der Zerstörung im Werk Döblins
Von Winfried Georg Sebald
LGW 45, ISBN 3-12-395800-0, 169 S.

Interpretationen zum Roman in der DDR
Hrsg.: Marc Silberman
LGW 46, ISBN 3-12-395900-7, 173 S.

Büchner: Dantons Tod
Eine Dramenanalyse
Von Alfred Behrmann und Joachim Wohlleben
LGW 47, ISBN 3-12-396100-1, 206 S.

Interpretationen zu Alfred Döblin
Hrsg.: Ingrid Schuster
LGW 48, ISBN 3-12-396200-8, 207 S.

Interpretationen zu Georg Kaiser
Hrsg.: Armin Arnold
LGW 49, ISBN 3-12-396300-4, 198 S.

Neugier oder Flucht?
Zu Poetik, Ideologie und Wirkung der
Science Fiction
Hrsg.: Karl Ermert
LGW 50, ISBN 3-12-396400-0, 150 S.

Interpretationen zu Heinrich Heine
Hrsg.: Luciano Zagari und
Paolo Chiarini
LGW 51, ISBN 3-12-396500-7, 145 S.

Interpretationen zu Johann Peter Hebel
Hrsg.: Rainer Kawa
LGW 52, ISBN 3-12-396600-3, 171 S.

**Interpretationen zum Drama in der
DDR: Heiner Müller und Peter Hacks**
Hrsg.: Judith R. Scheid
LGW 53, ISBN 3-12-396700-X, 225 S.

Interpretationen zu E. T. A. Hoffmann
Hrsg.: Steven P. Scher
LGW 54, ISBN 3-12-396800-6, 207 S.

Interpretationen zu Ernst Toller
Drama und Engagement
Hrsg.: Jost Hermand
LGW 55, ISBN 3-12-396900-2, 203 S.

Die Rolle des Autors
Analysen und Gespräche
Hrsg.: Irmela Schneider
LGW 56, ISBN 3-12-397100-7, 124 S.

Gedichte haben Zeit
Positionen des zeitgenössischen
Gedichts
Von Michael Zeller
LGW 57, ISBN 3-12-397200-3, 296 S.

Interpretationen zu Carl Sternheim
Hrsg.: Manfred Durzak
LGW 58, ISBN 3-12-397300-X, 180 S.

Interpretationen zum jungen Goethe
Hrsg.: Wilhelm Große
LGW 59, ISBN 3-12-397400-6, 183 S.

**Interpretationen zu
Friedrich Dürrenmatt**
Hrsg.: Armin Arnold
LGW 60, ISBN 3-12-397500-2, 214 S.

Interpretationen zu Peter Handke
Zwischen Experiment und Tradition
Hrsg.: Norbert Honsza
LGW 61, ISBN 3-12-397600-9, 120 S.

**Interpretationen zu
Rainer Maria Rilke**
Hrsg.: Egon Schwarz
LGW 62, ISBN 3-12-397700-5, 164 S.

Interpretationen zu Elias Canetti
Hrsg.: Manfred Durzak
LGW 63, ISBN 3-12-397800-1, 184 S.

Interpretationen zu Alfred Andersch
Hrsg.: Volker Wehdeking
LGW 64, ISBN 3-12-397900-8, 170 S.

Interpretationen zu Heinrich Böll
Hrsg.: Anna Maria dell'Agli
LGW 65, ISBN 3-12-398100-2, 182 S.

Interpretationen zu Gottfried Keller
Hrsg.: Hartmut Steinecke
LGW 66, ISBN 3-12-398200-9, 173 S.

**Interpretationen zu Gotthold
Ephraim Lessing**
Poesie im bürgerlichen Zeitalter
Von Manfred Durzak
LGW 67, ISBN 3-12-398300-5, 163 S.

Interpretationen zu Günter Grass
Geschichte auf dem poetischen
Prüfstand
Hrsg.: Manfred Durzak
LGW 68, ISBN 3-12-398400-1, 182 S.

Die Reihe wird fortgesetzt

Ernst Klett Verlag